LES MÉTIERS DU MARKETING, DE LA PUBLICITÉ ET DE LA VENTE

SOMMAIRE

Un mot souligné ? Retrouvez sa définition dans le lexique p. 140.

ÉTUDES

Les repères

Les filières

Mon parcours

EMPLOI

Mes débuts

GUIDE PRATIQUE

MODE D'EMPLOI

Pour mieux se repérer entre les différentes parties de ce « Parcours ».

MÉTIERS

16 pros racontent leur métier.

Pour aller plus loin, des rubriques :
- *Quel salaire ?*
- *Ça recrute ?*
- *Quels débuts ?*
- *Quelles études ?*

Info p. 140

De A à Z, et par familles, tous les métiers du secteur en fiches synthétiques.

Retrouvez tous les mots soulignés expliqués dans le lexique.

ÉTUDES

Pour chaque filière, l'essentiel à savoir.

En complément, nos réponses à vos questions les plus fréquentes et des fiches diplômes.

EMPLOI

En un clin d'œil, le panorama des employeurs et de ce qu'il faut retenir du recrutement dans ce secteur.

GUIDE PRATIQUE

- *Le carnet d'adresses avec la liste de toutes les formations ;*
- *lexique ;*
- *index.*

SÉDUIRE LES CONSOMMATEURS

Avant qu'un produit atterrisse dans notre caddie, toute une série de professionnels se relaient pour que ce geste ne soit pas le fruit du hasard. Marketeurs, publicitaires, vendeurs identifient et orientent nos envies.

Vente

En magasin, grâce à un agencement savant des rayons et à une connaissance parfaite des produits, les pros de la vente achèvent de convaincre les consommateurs, pour que l'acte d'achat se concrétise enfin.

Publicité

Une fois le produit finalisé, les publicitaires conçoivent les affiches ou les spots télé qui le feront connaître et, surtout, donneront envie de l'acheter.

Consommateurs

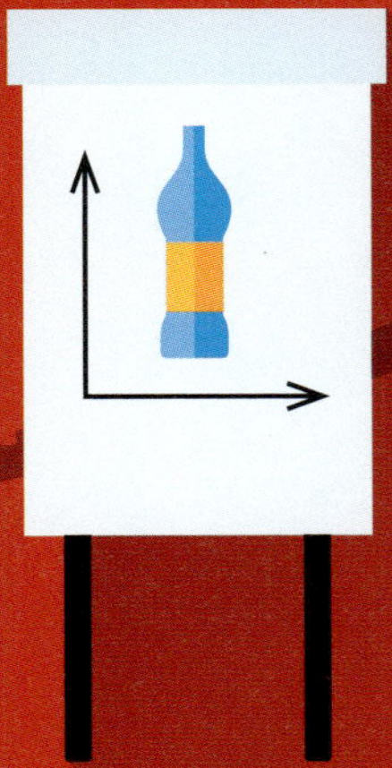

Marketing

Observant les habitudes des consommateurs et étudiant leurs attentes, les pros du marketing imaginent les caractéristiques d'un nouveau produit.

UNE JOURNÉE CHEZ MICHEL ET AUGUSTIN

LES « TRUBLIONS » DU GOÛT

Photos : Grégoire Maisonneuve

Petit nouveau dans l'agroalimentaire, **Michel et Augustin** rencontre un franc succès, en partie grâce à un marketing très inventif. Créée par deux copains en 2004, **la marque** compte aujourd'hui 90 salariés répartis entre Paris, Lyon et New York, et vend 26 millions de produits chaque année. Biscuits sucrés ou salés, yaourts à boire, jus de fruits, il y en a pour tous les goûts. Mais le produit phare de Michel et Augustin, c'est la mousse au chocolat. Plébiscitée par les consommateurs, elle se décline désormais sous une nouvelle saveur : chocolat au lait. Rencontre avec toutes les équipes qui ont contribué à la conception et au lancement de ce nouveau dessert.

Michel
August
trublions du
Michel
August

DÉVELOPPER UNE RECETTE

« Identifier les nouveautés qui plairont, c'est par là que tout commence, explique **Dorothée, responsable du pôle produit**. *Pour cela, nous tenons compte de l'avis des consommateurs. Nous avons décidé de sortir une mousse au chocolat au lait, en réponse à une demande de nos clients.* » C'est dans les cuisines de la « bananeraie », nom donné aux locaux de la marque, que Dorothée développe avec son équipe de chefs de produit la recette idéale, en accord avec l'image de la marque : simple, sans additifs, avec des ingrédients de qualité. Après plusieurs mois de recherche et de tests arrive la phase de production.

L'équipe produit accompagne les fabricants lors de la transposition industrielle. *« On se rend régulièrement sur place »*, explique Dorothée. La création du packaging se fait en parallèle. **Marion, cheffe de produit**, et **Constance, graphiste**, travaillent en binôme. Leur défi : inventer un nouveau design tout en respectant l'identité visuelle de la marque. Dernière étape : la commercialisation. Une fois le prix de vente fixé, la mousse est présentée aux commerciaux et au pôle communication. *« Il est important de travailler ensemble et d'avoir un discours commun »*, conclut Dorothée. ■

CONVAINCRE LES DISTRIBUTEURS

Après avoir été briefé par l'équipe de Dorothée, le pôle commercial prend le relais. **Mathieu, chef de secteur,** représente Michel et Augustin auprès des distributeurs (Leclerc, Système U…). À lui de les convaincre d'acheter cette nouvelle mousse. *« Je me rends dans les centrales d'achats qui référencent nos produits. Mon rôle est de négocier les conditions de vente et de développer notre chiffre d'affaires. »* Les commerciaux de terrain s'assurent ensuite que le produit est bien repérable en rayons. Cela passe par la mise en avant de supports de vente (des présentoirs, par exemple) créés par la marchandiseuse et les graphistes. *« Le merchandising est un vrai levier pour développer nos ventes. »*

Le terrain occupe Mathieu 1 à 2 jours par semaine. Le reste de son emploi du temps est consacré à l'analyse des ventes et au suivi du chiffre d'affaires. *« C'est une part importante de mon travail. »* Et, pour que la mousse se vende bien, il faut en faire la promotion. *« On organise des animations en magasin. C'est en faisant goûter nos produits que l'on fidélise nos clients. »* C'est donc parti pour la « tournée des mousses », imaginée par l'équipe communication. ■

FAIRE VIVRE L'AVENTURE

« Cela faisait des années que les consommateurs nous réclamaient une mousse au chocolat au lait », explique **Sixtine, responsable de la communication.** Son travail débute en amont de la création d'une nouvelle recette. C'est elle qui fait remonter les demandes des clients à l'équipe produit. Puis, quand une nouvelle recette est en préparation, elle relaie les différentes étapes de développement sur les réseaux sociaux. *« Nous racontons ce qu'il se passe en temps réel. »* Choix d'une nouvelle saveur ou d'un packaging, les consommateurs sont sollicités tout au long de l'élaboration. *« C'est ce qui fait notre différence ! Nous ne gardons pas nos recettes secrètes. Dès que nous avons une idée, nous la communiquons. »* Une stratégie qui repose donc en grande partie sur le digital. Mais pas seulement.

Pour accompagner le lancement de chaque produit, l'équipe de Sixtine met en place un plan événementiel d'animation. La « tournée des mousses », ce sont eux qui l'ont conçue. *« Le but est d'aller faire déguster la nouvelle mousse dans neuf grandes villes. »* Du stand d'animation à l'habillage du camion, en passant par la campagne de presse... tout est pensé par Sixtine et son équipe. Un travail que suivent de près Michel et Augustin, très impliqués dans leur marque. *« Il ne se passe pas un jour sans que je sois en interaction avec eux »*, précise Sixtine. ■

ALIMENTER LE WEB

Côté digital et sous le contrôle de Sixtine, c'est **Margaux, responsable de contenu**, qui est aux commandes. Son travail se partage entre la gestion du site, en binôme avec **Claire, webdesigner**, et la mise à jour des réseaux sociaux. L'histoire qui accompagne un produit se met en place dès la phase de création. *« Sur le site, nous présentons les produits, leur genèse. Côté réseaux sociaux, nous relayons les événements, avec l'humour qui nous caractérise. »* Et, avec près de 200 000 fans sur Facebook, Twitter et Instagram, c'est toute une communauté qu'il faut tenir en haleine. *« On a publié les photos de la première production de mousse et on fait vivre au quotidien la "tournée des mousses". »* Une animation web qui se prépare en amont, avec l'équipe commerciale. *« Il y a une forte collaboration entre les équipes. »*

Margaux suit tous les jours l'évolution de l'audience sur le site et le taux d'engagement sur les réseaux sociaux. *« Le nombre de visites dépend de notre communication. »* Appuyée par des spots vidéo dont la marque a le secret, cette campagne autour de la mousse au chocolat au lait devrait de nouveau être un succès…

MÉTIERS

LES MÉTIERS EN 3 FAMILLES

De la conception d'un produit à sa promotion puis à sa commercialisation, de nombreux professionnels se relaient. Leur objectif ? Distancer la concurrence et gagner des parts de marché ! Zoom sur 31 métiers clés qui contribuent à la réussite commerciale.

MARKETING

Concevoir de nouveaux produits, étudier le comportement des clients, fidéliser les internautes… voilà les différentes missions des professionnels du marketing. Leur but ? Séduire les consommateurs, afin que ceux-ci achètent leurs produits. À eux de trouver l'idée qui leur permettra de se démarquer. *Newsletters*, *posts* sur les réseaux sociaux, jeux concours… tous les moyens sont bons pour atteindre les acheteurs.

- **Chargé/e d'études marketing**
- **Chargé/e de promotion marketing**
- **Chef/fe de marque**
- **Chef/fe de produit marketing**
- **Community manager**
- **Manager e-CRM**
- **Responsable marketing**
- **Responsable webmarketing**
- **Traffic manager**

Ces métiers sont ouverts aux filles et aux garçons.

PUBLICITÉ

Le point commun de ces professionnels ? Ils travaillent tous sur un projet de communication, de la création d'un message publicitaire à sa diffusion. Cet ensemble de métiers se subdivise en trois : les métiers commerciaux (comme chef de pub), les métiers stratèges (comme directeur de la communication ou média planner) et les métiers créatifs (concepteur-rédacteur, directeur artistique...).

- **Acheteur/euse d'espaces publicitaires**
- **Attaché/e de presse**
- **Chef/fe de pub**
- **Chef/fe de pub régie**
- **Concepteur/trice-rédacteur/trice**
- **Directeur/trice artistique**
- **Directeur/trice de clientèle**
- **Directeur/trice de création**
- **Directeur/trice de la communication**
- **Média planner**

VENTE

En magasin, pour répondre aux attentes des consommateurs, les pros de la vente sont là : vendeur-conseiller, manager de rayon, responsable de magasin et animateur réseau s'assurent de l'état des rayons, des stocks et, de manière générale, de la bonne tenue du point de vente. Ambassadeurs des marques, les commerciaux, eux, font tout pour aller chercher des clients (particuliers ou entreprises) et les convaincre d'acheter leurs produits ou services.

- **Acheteur/euse**
- **Animateur/trice réseau**
- **Assistant/e commercial/e**
- **Chef/fe de secteur**
- **Commercial/e**
- **Commercial/e export**
- **Manager de rayon**
- **Marchandiseur/euse**
- **Responsable de magasin**
- **Technico-commercial/e**
- **Télévendeur/euse**
- **Vendeur/euse**

CHARGÉE D'ÉTUDES MARKETING

© DR

Lorraine Garnier,
chargée d'études
chez In Vivo BVA (92)

« Il faut être rigoureux, car on manie beaucoup de chiffres. »

Lorraine intègre l'institut BVA pour son stage de fin d'études et y est embauchée tout de suite après. Elle réalise des enquêtes au sein d'un service spécialisé dans les produits de grande consommation (alimentation, cosmétiques...). L'objectif ? Connaître le comportement des consommateurs.

Proposition. À l'origine d'une étude, il y a toujours une demande d'une marque. *« Récemment, un client nous a demandé de comparer sa barre chocolatée avec celle d'une marque concurrente. »* Lorraine rédige alors une proposition d'étude dans laquelle elle définit un test, un planning et un budget. *« J'ai proposé un test à l'aveugle avec deux groupes de 70 personnes, chargés de goûter l'une des deux barres. Les panélistes ne connaissaient ni la marque du produit, ni son prix. »*

Réalisation du test. Une fois le marché signé avec le client, Lorraine constitue le panel représentatif. Puis elle prépare les documents qui permettront aux enquêteurs de recruter la bonne cible et établit un questionnaire d'évaluation du produit (goût, consistance...). *« Lorsque les tests sont terminés, la cellule traitement sort les résultats qui vont me permettre de savoir quels sont les points forts et les points faibles du produit. »*

Restitution. Lorraine rédige ensuite un rapport d'étude et fait une restitution orale au client. *« Il faut être capable de présenter les résultats en temps et en heure. Cela nécessite d'être organisé et rigoureux, car on manie beaucoup de chiffres. »* Mais cet emploi du temps chargé ne dérange pas la jeune femme. *« J'aime la diversité de mon travail. J'ai sans cesse des clients, des problématiques et des produits différents. Il n'y a pas de routine. »*

Quel salaire ?

Un chargé d'études junior gagne entre 2000 et 2500 € brut par mois. *« Les salaires sont fonction du type d'employeur (institut de sondage ou annonceur)*, explique Lorraine. *En institut, ils sont légèrement inférieurs. »*

Ça recrute ?

Les postes de chargé d'études sont plus nombreux en institut. *« Les postes chez les annonceurs, plus rares, sont très convoités »*, précise Lorraine.

Quelle évolution ?

Après quelques années d'exercice, un chargé d'études peut devenir chef de groupe (diriger plusieurs chargés d'études), puis directeur d'études (coordonner l'ensemble des études) ou directeur de clientèle (représenter l'entreprise auprès des clients). *« C'est intéressant de commencer sa carrière dans un institut de sondage, car il y a de vraies possibilités d'évolution »*, souligne Lorraine.

Quelles études ?

Pour obtenir un poste de chargé d'études, un niveau bac + 5 est recommandé.

Après le bac en 5 ans

- La plupart des écoles de commerce offrent des spécialisations en marketing en fin de cursus. En 3 ans après un bac + 2 (classe prépa, DUT, BTS, L2) ou en 3 à 5 ans après le bac.
- L'École nationale de la statistique et de l'analyse de l'information (Ensai) offre une spécialisation en marketing quantitatif. En 3 ans après une prépa scientifique ou économique.
- L'université délivre également des masters en marketing, statistiques, économétrie, en 2 ans. Accès sur dossier avec une licence adaptée (3 ans après le bac).
- Enfin, les instituts d'études politiques (IEP) de Paris et de Grenoble proposent des masters en marketing. Possibilité de suivre la totalité du cursus IEP (5 ans après le bac) ou de rejoindre le cycle master pour 2 ans de spécialisation.

Retrouvez les études pp. 87, 90.

CHEFFE DE PRODUIT

© DR

Alexia Petitjean,
cheffe de produit marketing
chez Black & Decker,
à Limonest (69)

« C'est un métier où l'on ne s'ennuie jamais. Il faut sans cesse se renouveler. »

C'est comme stagiaire qu'Alexia est entrée chez Black & Decker, un fabricant d'outils de bricolage. Alors en dernière année d'école de commerce, on lui confie une mission d'assistante chef de produit. L'expérience est concluante puisqu'elle est embauchée comme cheffe de produit à l'issue de son stage. Son rôle ? Piloter le développement et le lancement de nouveaux produits.

De la conception... La première mission d'Alexia consiste à faire remonter les besoins du marché français aux équipes européennes chargées du développement de produits. *« L'année dernière, j'ai lancé une étude auprès d'utilisateurs de tondeuses. Il est apparu qu'ils avaient envie d'un équipement moins encombrant. On a alors développé un accessoire innovant, qui tond la pelouse et taille les bordures. »* À Alexia de faire connaître ensuite cette nouveauté aux consommateurs.

... à la commercialisation. Plan média, affiches en magasins, salons... Alexia a recours à différents moyens pour promouvoir un nouveau produit. *« Pour lancer notre nouvelle tondeuse, il a fallu investir dans une campagne télé et écrire un argumentaire destiné aux magasins distribuant notre marque afin que les vendeurs sachent informer les clients... Ce fut un plan de lancement conséquent avec un résultat satisfaisant puisque ce produit figure désormais parmi nos meilleures ventes. »* Alexia s'occupe également de toute la communication digitale (sur le Web), en collaboration avec une agence de communication.

Travail d'équipe. Occupant un poste central au sein de l'équipe marketing, la jeune femme collabore avec différents services. *« Je travaille beaucoup avec les commerciaux pour leur donner un maximum d'informations sur nos nouveaux produits. »* Investie dans son travail, elle ne compte pas ses heures. *« C'est un métier où l'on ne s'ennuie jamais. Il faut sans cesse se renouveler. »*

Quel salaire ?

Un chef de produit débutant gagne de 2000 à 2500 € brut par mois. Des variations existent en fonction du type d'employeur : agence de communication ou annonceur.

Ça recrute ?

« Le marketing est un secteur difficile, car les candidats sont nombreux. Il faut pouvoir se distinguer. Parler anglais est nécessaire. Une troisième langue peut faire la différence. Il faut aussi une excellente culture en marketing », explique Alexia.

Quelle évolution ?

Un chef de produit peut devenir chef de marque (s'occuper de l'image d'une marque), si la structure le permet, ou chef de groupe (diriger une équipe de chefs de produit) ou directeur du marketing.

Quelles études ?

Pour devenir chef de produit marketing, un niveau bac + 5 est recommandé.

Après le bac en 5 ans

- La plupart des écoles de commerce proposent des spécialisations en marketing en fin de cursus. En 3 ans après un bac + 2 (classe prépa, BTS, DUT, L2), ou en 5 ans après le bac.
- L'université délivre aussi plus d'une centaine de masters en marketing (en 2 ans). Accès sur dossier avec un bac + 3, une licence en économie ou en gestion le plus souvent.
- Enfin, les instituts d'études politiques (IEP) proposent également des masters en marketing. Possibilité de suivre la totalité du cursus IEP (5 ans après le bac) ou de rejoindre le cycle master pour 2 ans de spécialisation.

Retrouvez les études pp. 87, 90.

COMMUNITY MANAGER

© DR

Émeline Tavernier,
community manager
chez Isobar,
à Courbevoie (92)

« On ne poste pas n'importe quoi, on a une vraie responsabilité. »

Facebook, Twitter... les réseaux sociaux n'ont plus de secrets pour Émeline. À la sortie de son école de communication, cette passionnée du Web a d'abord travaillé pour Virgin Radio, avant d'être recrutée par Isobar, une agence de création digitale. *« Je m'occupe des comptes Facebook de trois marques de L'Oréal. »* Ses objectifs ? Assurer la présence de ces marques sur les réseaux, accroître leur notoriété, veiller à leur e-réputation et valoriser leurs produits.

Connaître sa cible... et la loi. Au quotidien, Émeline anime les pages, met en ligne des contenus, échange avec les internautes... *« Pour chaque marque, je dois avoir une stratégie et être force de proposition. »* Pour elle, ce métier ne s'improvise pas. *« Même si tout le monde peut poster sur les réseaux sociaux, le community manager doit bien connaître ses cibles, ce qui leur plaît, leurs habitudes sur le Web... mais aussi les réglementations. On ne poste pas n'importe quoi, on a une vraie responsabilité. »*

S'organiser. Le travail en agence exige une grande organisation. *« Il faut planifier et valider les calendriers éditoriaux, suivre les productions et les créations avec les chefs de projet, assurer un* reporting *mensuel, participer aux appels d'offres... »* Pour l'un de ses comptes, Émeline crée les visuels avec Photoshop (logiciel de retouche photo). *« Un apport créatif que j'adore ! »*

Toujours *on*. *« Je ne suis jamais vraiment débranchée,* avoue Émeline. *Il faut assurer une veille permanente sur le Web, s'informer sur les nouveautés, car Internet évolue très vite. »* En plus d'une grande disponibilité (et d'une orthographe irréprochable), elle doit avoir une bonne résistance au stress. *« Il y a beaucoup de pression, les enjeux sont importants. Je dois faire des rapports chiffrés sur mon activité, car mes clients paient une prestation. »*

Quel salaire ?

Le salaire d'un community manager s'élève à 2 240 € brut par mois en début de carrière.

Ça recrute ?

« Je n'ai pas eu de mal à trouver du travail, constate Émeline. *Le métier recrute, car les entreprises ont compris l'importance des réseaux sociaux. En revanche, il y a beaucoup de stages et de CDD dans ce secteur. »*

Quels débuts ?

« Aujourd'hui, on peut commencer directement comme community manager après la formation, précise Émeline. *Mais les entreprises demandent souvent 1 an d'expérience au minimum sur le poste. »* Ne pas hésiter, donc, à faire des stages ou des missions pendant ses études pour accumuler de l'expérience.

Quelles études ?

Le poste de community manager est accessible à bac+2, mais selon une étude de RégionsJob, plus de la moitié des community managers possèdent en effet un bac + 5, le plus souvent en communication ou en marketing.

Après le bac en 2 ou 3 ans

- Le BTS communication et le DUT information-communication option communication des organisations, en 2 ans après le bac, sont les formations de base aux métiers de la communication.
- Autre piste : le DUT métiers du multimédia et de l'Internet (MMI), axé sur la communication multimédia.

À compléter par 1 an dans l'une des licences professionnelles métiers de la communication orientées Web. Cependant, il est conseillé de poursuivre ses études au-delà d'un bac + 2 ou + 3.

Après le bac en 4 ou 5 ans

École de communication, master en communication et/ou marketing à l'université, diplôme d'école de commerce ou d'IEP... constituent autant de formations possibles. Une forte appétence pour le Web est indispensable, ainsi que la maîtrise de l'anglais.

Retrouvez les études pp. 77, 79, 82, 84, 85, 87, 90, 92.

MANAGER E-CRM

© DR

Gwladys Hulot,
responsable e-CRM
aux éditions Atlas,
à Paris (75)

« Il faut entretenir la flamme avec les clients. »

« En couple, il faut entretenir la flamme. Si on ne fait rien, il ne se passe rien et l'on divorce. Avec les clients, c'est pareil ! » Gwladys évoque ainsi le cœur de son métier de responsable e-CRM pour les éditions Atlas, spécialisées dans la vente d'objets de collection, de beaux livres et de produits jeunesse.

« Profiler » les clients. C'est au travers de données statistiques, les *data*, que Gwladys détermine des groupes de consommateurs. *« Il y a les passionnés qui achètent tous nos produits ; certains plus sélectifs commandent un produit de temps en temps ; d'autres viennent moins souvent et il faut les réveiller. »* Afin de mieux appréhender le comportement des clients, la responsable e-CRM analyse aussi les mails qu'elle leur a envoyés pour savoir où ils ont cliqué, ce qu'ils ont aimé…

Les fidéliser. À partir de ces données, Gwladys décide de la stratégie à adopter pour les fidéliser. *« On peut faire différentes actions avec les chiffres, mais il faut être capable de proposer LA bonne opération commerciale, celle qui va marcher ! »* Elle peut s'appuyer en interne sur une équipe de trois personnes : un webmaster, un community manager et un assistant. Elle travaille également avec des prestataires extérieurs, notamment des graphistes et des développeurs.

40 000 fans sur Facebook. Dans cette gestion de la relation client, les réseaux sociaux représentent un outil formidable. *« Quand j'ai commencé à travailler dans le marketing, on imaginait un contenu adapté pour chacun. On peut désormais le faire grâce au Web. »* Résultat : sur le site, elle propose à ses clients des contenus en fonction de leurs goûts, les informe des nouvelles promotions ou leur offre des *goodies* (produits dérivés, bonbons ou cadeaux).

Quel salaire ?

De 2900 à 3700 € brut par mois pour un débutant. Les salaires des responsables e-CRM varient en fonction du caractère international et stratégique du poste.

Ça recrute ?

Les métiers de l'e-CRM sont récents, mais toutes les entreprises qui veulent fidéliser leurs clients ont besoin de gestionnaires de campagne, de responsables e-CRM ou encore de community managers.

Quels débuts ?

On ne débute pas comme responsable e-CRM, plusieurs fonctions permettent de faire ses premières armes : responsable de campagne mail, assistant chef de projet e-CRM ou encore community manager. C'est d'ailleurs ainsi que Gwladys a commencé.

Quelles études ?

Une formation de niveau bac + 5 en webmarketing ou e-commerce est nécessaire pour exercer ce métier.

Après le bac en 5 ans

- À l'université, des masters proposent des spécialisations plus ou moins ciblées : master marketing spécialisé en marketing direct et e-commerce, master information et communication spécialisé en cultures et métiers du Web...
- Toutes les écoles de commerce offrent des formations en marketing. Certaines déclinent des spécialisations appliquées au Web : par exemple, marketing digital à l'ESC Pau et à Skema, webmarketing à l'Essca, e-marketing et management des technologies de l'information et de la communication à l'EM Strasbourg.

Retrouvez les études pp. 87, 90.

RESPONSABLE WEBMARKETING

© DR

Amélie Guillé,
responsable webmarketing chez Liligo.com, à Budapest, en Hongrie

« Je fais en sorte que les gens aient envie de venir sur notre site. »

Après 4 années passées dans une agence de communication, Amélie rejoint le pôle web de Liligo.com, un comparateur de billets d'avion. Sa mission: accroître le nombre de visiteurs et les fidéliser. *« Je fais en sorte que les gens aient envie de venir sur notre site. J'ai la chance de travailler dans un secteur qui fait rêver et où on peut raconter de belles histoires. »*

Attirer les internautes. Création de *newsletters*, mise au point de campagnes publicitaires... Amélie ne s'ennuie pas. En ce moment, elle s'occupe du lancement de Liligo aux États-Unis. *« Je dois définir la stratégie qui va être mise en place sur le Web. Par exemple, décider si on va utiliser des bannières publicitaires ou les réseaux sociaux. »* La jeune femme fait aussi du reciblage publicitaire: *« Si un internaute cherche des infos pour un vol Paris-New York, nous lui proposerons des publicités sur ce thème lorsqu'il se rendra sur d'autres sites, comme Facebook par exemple. »* Autre projet à son actif: le lancement de l'application mobile du site.

Convaincre. Avant de diffuser une campagne, il faut déjà convaincre en interne. *« Il y a beaucoup de travail en équipe. Pour concrétiser ses idées, il faut savoir les vendre et se faire comprendre d'autres professionnels: graphistes, développeurs... »* En tant que responsable, Amélie est impliquée dans chaque étape. *« J'apprécie d'avoir une vision globale des actions qui vont être menées. J'évalue ce qui va marcher le mieux et les résultats ne se font pas attendre: il suffit d'observer l'évolution du nombre de visiteurs sur le site. »*

S'adapter aux différentes cultures. Faire partie d'un groupe international signifie travailler pour divers marchés. *« Nous adaptons nos campagnes car, selon les pays, les pratiques changent. Ainsi, les réseaux sociaux n'occupent pas la même place partout. »* Un impératif: maîtriser la langue anglaise pour pouvoir communiquer avec toutes les équipes à travers le monde.

Quel salaire ?

Un responsable webmarketing débute autour de 2 900 € brut par mois et peut gagner autour de 4 000 €, après plusieurs années d'expérience.

Ça recrute ?

« Les grosses entreprises ont compris l'importance et les retombées d'une présence sur le Web », analyse Amélie. Elles font donc appel à des responsables webmarketing. *« Tout ce qui a trait au mobile va également prendre de l'ampleur dans les prochaines années. »*

Quels débuts ?

Amélie conseille de commencer en agence de communication, avant de se tourner vers les annonceurs comme Liligo.com. *« Cela permet de toucher à beaucoup de sujets et d'approcher différents clients. Aller d'une agence vers un annonceur, c'est passer d'un rôle de conseiller à un rôle de décideur. En termes d'expérience, c'est très intéressant. »*

Quelles études ?

Un bac + 5 s'impose. Pour exercer ce métier, il faut, en effet, posséder des clés d'analyse en marketing, savoir manier les chiffres et les statistiques, être capable de suivre les innovations technologiques.

Après le bac en 5 ans

- De nombreuses écoles de commerce proposent une spécialisation en webmarketing. En 3 ans après un bac + 2 (classe prépa, BTS, DUT, L2), ou en 3 à 5 ans après le bac. Accès sur concours.
- À l'université, master (en 2 ans) en webmarketing ou stratégie digitale. Accès sur dossier, avec une licence (en 3 ans après le bac) d'économie ou de gestion.
- Écoles de communication ou spécialisées dans le Web. Attention : privés, ces établissements ne bénéficient pas tous de la même cote dans le milieu professionnel.

Retrouvez les études pp. 87, 90, 92.

TRAFFIC MANAGER

© DR

Robin Morvan,
traffic manager
chez Ad's up, à Paris (75)

« Je cherche en permanence à optimiser les ventes. »

« Lorsqu'un annonceur me confie un budget de 3 000 €, c'est avec l'objectif d'augmenter son chiffre d'affaires de quelque 10 000 € », lance Robin, traffic manager au sein d'Ad's up, une agence spécialisée dans l'achat de liens commerciaux sur les moteurs de recherche. L'enjeu est d'importance !

Place aux chiffres. Au quotidien, Robin s'occupe d'une quinzaine d'e-commerçants. Du petit annonceur à celui qui dépense des dizaines de milliers d'euros par mois. Et du vendeur de bâtons de marche nordique à la société financière. Rivé à l'ordinateur et au téléphone, ce jeune traffic manager passe beaucoup de temps à analyser des chiffres et à communiquer à ses clients les résultats des campagnes de publicité qu'il met en place.

Stratégie publicitaire. Après avoir cerné le métier et les objectifs du client, Robin conçoit la campagne : *« Je choisis des mots-clés correspondant aux produits que le client souhaite promouvoir. Puis j'achète des liens sur Google AdWords, afin que mes annonces publicitaires s'affichent en bonne place quand un internaute fait une recherche sur ces mots-clés. »* Il doit rédiger des messages suffisamment percutants pour déclencher des clics vers le site marchand. Une fois la campagne lancée, Robin surveille au quotidien l'évolution des ventes : *« Cherchant en permanence à les optimiser, je peux ajuster le tir, par exemple en achetant d'autres mots-clés. »*

Force de proposition. *« Je tutoie la plupart de mes clients et j'apprécie de nouer avec eux des relations à long terme »*, s'enthousiasme Robin. Il aime aussi discuter avec les équipes techniques en vue d'améliorer la qualité des sites. Raccourcir le temps de réponse sur un clic peut rapporter gros…

Quel salaire ?

De 2100 à 2900 € brut par mois pour un débutant. La gestion de sites à fort trafic et l'encadrement d'équipe contribuent à l'augmentation des salaires.

Ça recrute ?

Les traffic managers sont très recherchés : les entreprises, grandes et petites, utilisent de plus en plus la publicité en ligne pour accroître la visibilité et la notoriété de leurs marques.

Quelle évolution ?

Le traffic manager peut passer d'une agence vers une entreprise ou inversement. *« Et évoluer vers des postes spécialisés en mesure d'audience des sites web »*, explique Robin.

Quelles études ?

Ce métier, qui exige des connaissances en marketing et en technologie web, recrute de plus en plus de diplômés à bac + 5.

Après le bac en 2 ou 3 ans

- Pluridisciplinaire, le DUT métiers du multimédia et de l'Internet (MMI) est le bac + 2 le plus adapté. Sinon, les DUT information-communication (option publicité) et techniques de commercialisation, et le BTS communication peuvent être complétés, en 1 an, par une licence professionnelle en e-marketing.
- Plusieurs écoles d'Internet ou de communication (Estacom, Hétic...) proposent des bachelors spécialisés en e-marketing en 3 ans.

Après le bac en 5 ans

Écoles d'Internet ou de communication ; écoles de commerce offrant une spécialisation en e-business ; masters dans l'e-commerce, l'e-marketing ou la publicité en ligne à l'université.

Retrouvez les études pp. 77, 79, 82, 84, 87, 90, 92.

DIRECTRICE DE LA COMMUNICATION

© DR

Sixtine d'Avout,
directrice de la communication chez Michel et Augustin, à Boulogne-Billancourt (92)

« Il faut être sur tous les fronts en même temps ! »

La marque de biscuits et de yaourts Michel et Augustin rencontre un franc succès ! Sa recette ? Des produits de qualité, un packaging inventif et, surtout, une communication inédite qui s'appuie en grande partie sur le digital. Depuis 2 ans, c'est Sixtine qui est aux commandes.

En amont et en aval du marketing. Community manager, responsable événements, graphiste... elle dirige une équipe de neuf personnes. *« Leur mission ? Faire vivre l'aventure Michel et Augustin en temps réel, de la conception d'un produit jusqu'à sa commercialisation. Notre spécificité est d'associer le consommateur à chaque étape. »* Le public est ainsi sollicité dès l'élaboration des recettes. Chaque premier jeudi du mois, des clients sont invités au siège de la marque pour tester les créations en cours et donner leur avis. Une fois le produit commercialisé, place à la campagne de communication promotionnelle. C'est Sixtine qui en dessine les contours.

Sur tous les fronts. Envoi de communiqués de presse, portage de produits dans les rédactions, opérations dans les supermarchés, posts de photos et de vidéos sur les réseaux sociaux... *« Il faut être sur tous les fronts en même temps ! Même si notre stratégie de communication repose aujourd'hui essentiellement sur le digital. »*

Gérer le stress. Manager au quotidien neuf personnes, communiquer dans des délais de plus en plus courts à l'heure du « tout-digital », rester en veille au quotidien... l'activité à responsabilités de Sixtine comporte son lot de stress. *« L'agroalimentaire est un secteur très concurrentiel, dans lequel on n'a pas le droit à l'erreur ! »* Dernier challenge en date ? L'implantation de la marque aux États-Unis grâce à un partenariat avec la chaîne de cafés Starbucks. *« Plus de 7 500 cafés distribuent nos cookies aujourd'hui ! C'était un gros défi. J'ai donc beaucoup communiqué sur l'événement. »*

€ Quel salaire ?

La rémunération est variable selon la taille et l'importance de l'entreprise. Débuts entre 3 100 et 5 800 € brut par mois.

Ça recrute ?

Les places sont chères, car les grands groupes, les entreprises et les institutions recherchent aujourd'hui des profils seniors. *À noter :* la plupart des postes sont situés en Ile-de-France, au sein des sièges sociaux.

Quels débuts ?

Fonction à hautes responsabilités, on ne devient pas directeur de communication dès la sortie de l'école ! On commence par faire ses preuves comme chargé de communication. Après une dizaine d'années d'exercice, il est possible d'être promu à ce poste dans une PME.

Quelles études ?

Ce métier est accessible avec un diplôme de niveau bac + 5 et après une solide expérience dans la communication.

Après le bac en 2 ou 3 ans

Le BTS communication et le DUT information-communication option communication des organisations, en 2 ans après le bac, sont les formations de base. Ils peuvent être complétés par une licence pro activités et techniques de communication, en 1 an.

Après le bac en 5 ans

• L'université délivre des masters en communication. Accès sur dossier avec une licence adaptée. Rattaché à l'université Paris-Sorbonne, le Celsa délivre plusieurs masters appréciés des recruteurs. Accès en L3 information-communication sur concours avec un bac + 2.

• Des écoles de communication privées (Efap, Iscom, ISTC, Sup de Com...) délivrent aussi des diplômes de niveau master, inscrits au RNCP *(lire p. 92).* Accès sur concours. Coût et durée variables.

• Des spécialisations en communication, souvent couplées avec du marketing, existent aussi en écoles de commerce (Edhec, EM Strasbourg...). Accès sur concours. Durée et coût variables.

• Quelques masters d'instituts d'études politiques (IEP) sont spécialisés en communication. Possibilité de suivre la totalité du cursus (5 ans) ou de rejoindre le cycle master.

Retrouvez les études pp. 77, 79, 82, 84, 85, 87, 90, 92.

CHEFFE DE PUBLICITÉ

© DR

Gloria Amzallag, cheffe de publicité au sein de l'agence La Chose, à Paris (75)

« J'ai un rôle d'interface entre le client et les équipes créatives. »

Fascinée depuis l'enfance par l'univers de la pub, Gloria décroche son premier poste de cheffe de pub à la fin de son stage de fin d'études. Un métier qu'elle a choisi pour la diversité de ses missions, à la fois stratégiques, créatives et commerciales.

Comprendre la demande du client. La Sécurité routière veut faire un spot de prévention sur les dangers de l'alcool au volant pour les 18-25 ans. Elle s'adresse à Gloria. *« Dans un premier temps, ma tâche est d'analyser le contexte global, de collecter des infos sur la cible visée, sur les freins rencontrés... »* Tout en ayant en tête la demande du client (le *brief* client), l'idée est de se nourrir d'informations qui permettront d'élaborer un message publicitaire efficace.

Briefer les créatifs. À l'issue de ce travail sont dégagés les axes stratégiques de la campagne. Gloria adresse alors ses recommandations (attentes du client, direction à donner à la campagne...) au binôme concepteur-rédacteur/directeur artistique. Ces derniers élaborent une proposition (le *brief* créatif) que Gloria soumet au client. *« Je dois montrer que le concept proposé atteindra la cible visée. Il faut vendre sa création, c'est du commercial pur ! »* À elle ensuite de traduire les remarques du client aux créatifs. *« J'ai un rôle d'interface entre le client et les équipes créatives. C'est ce côté chef d'orchestre que j'aime dans mon métier. »*

Planning de production et budgets. Une fois les *story-boards* définitivement validés par le client, la phase de production peut commencer. *« Je présente alors au service concerné (télévision, achat d'art, digital...) la philosophie de la campagne, les supports sur lesquels le message doit prendre forme, les formats souhaités... »* Elle planifie également les délais et veille à la rentabilité du projet.

Retrouvez le témoignage de Gloria sur son parcours d'études p. 99.

Quel salaire ?

Un chef de pub débutant gagne entre 2 000 et 2 500 € brut par mois.

Ça recrute ?

« Les postes étant rares, il ne faut pas hésiter à multiplier les stages, car c'est ainsi qu'on emmagasine de l'expérience », conseille Gloria. Actuellement, les principaux recruteurs sont les agences, les régies publicitaires et les annonceurs. *À noter :* la plupart des emplois se situent en Ile-de-France.

Quelle évolution ?

« Une fois qu'on a mis le pied dans une agence, et si l'on fait ses preuves comme chef de pub stagiaire ou assistant, on peut progresser vite. » Après 5 ans d'expérience, un chef de pub junior évolue vers un poste senior. Il peut ensuite devenir chef de groupe et diriger une équipe de chefs de pub. Ou directeur de clientèle *(lire p. 60)*.

Quelles études ?

Un bac + 5 est fortement recommandé. Le titulaire d'un bac + 2 ou d'un bac + 3 sera engagé comme assistant chef de publicité.

Après le bac en 2 ou 3 ans

Le DUT information-communication option publicité, en 2 ans après le bac, est la formation de base. Possibilité de poursuivre en licence pro (en 1 an après un bac + 2), mais elles sont très rares en publicité.

Après le bac en 4 ou 5 ans

De manière générale, le secteur de la publicité recherche des diplômés de niveau bac + 4 ou bac + 5, avec des compétences commerciales. Plusieurs parcours sont possibles :

- école de commerce ;
- école de publicité ou de communication ;
- master d'université spécialisé en marketing et publicité ;
- institut d'études politiques (IEP).

À noter

Les stages en cours d'études sont particulièrement importants dans ce secteur.

Retrouvez les études pp. 82, 84, 85, 87, 90, 92.

CONCEPTEUR-RÉDACTEUR

© DR

Nicolas Richard,
concepteur-rédacteur
à l'agence de publicité
Grey, à Paris (75)

« Nous lançons nos idées comme un jeu de ping-pong ! »

Affiche, film publicitaire, spot radio... quel que soit le support, l'objectif du concepteur-rédacteur reste le même : résumer une stratégie commerciale en un message simple, fort et concis. Une mission à laquelle Nicolas s'attelle au quotidien depuis 4 ans.

De la conception... Tout commence souvent avec une marque qui veut communiquer sur un nouveau produit. Elle lance un appel d'offres auprès de plusieurs agences de publicité, et s'ensuit une compétition entre différents créatifs, parfois au sein d'une même agence. Nicolas et son binôme, le directeur artistique, épluchent le *brief* client (c'est-à-dire sa demande). *« Puis nous lançons nos idées, chacun rebondissant sur les propositions de l'autre. C'est comme un jeu de ping-pong ! Et c'est ainsi que le message publicitaire prend forme. »* Nicolas se charge de trouver un slogan simple mais qui va frapper les esprits. Son binôme planche, lui, sur l'identité visuelle de la publicité (images, style de caractères, couleurs...).

... à la rédaction. Une fois l'idée trouvée, il faut la développer : écrire les dialogues d'un film publicitaire, rédiger le contenu d'une campagne digitale... Le message publicitaire doit être adapté à chaque média. *« En 2015, j'ai planché sur un film pour Volvo, qui voulait renforcer son image de marque. À des images d'une famille heureuse et épanouie, nous avons associé le slogan "La sérénité absolue" : la campagne était créée ! »* Avoir le sens de la formule n'est pas toujours facile, reconnaît Nicolas. *« Il faut se nourrir de tout pour innover sans cesse. Il n'y a pas de routine. C'est ce que j'aime dans ce métier ! »*

Savoir persévérer. *« 95 % de ce à quoi on réfléchit ne voit pas le jour, soit parce qu'on ne remporte pas l'appel d'offres, soit parce que le client change d'avis. Le secteur de la pub est très concurrentiel et regorge de créatifs. Il vit aussi vite que le monde qui l'entoure ! Il faut en être conscient, même si c'est parfois un peu frustrant. »*

Quel salaire ?

Un concepteur-rédacteur débutant gagne entre 2 000 et 2 500 € brut par mois. *« Si on crée de belles campagnes ou si on gagne des prix publicitaires, la progression peut être rapide »*, précise Nicolas.

Ça recrute ?

Petit milieu, la publicité est un secteur difficile d'accès. En dehors de quelques grands groupes de plusieurs centaines de salariés (Havas, Publicis...), la plupart des agences ont des effectifs inférieurs à 20 personnes. C'est donc là que se font majoritairement les recrutements, car le *turn-over* y est important. Et, à l'heure du « tout-digital », ces agences recherchent des profils ayant des compétences à la fois en communication et en multimédia.

Quels débuts ?

Les stages sont indispensables pour débuter. Et il faut faire ses preuves. Autre piste : constituer un *book* (dossier présentant ses travaux personnels) et le soumettre à des créatifs, voire créer un site ou un blog.

Quelles études ?

Toute formation, plutôt de niveau bac + 5, apportant une solide culture générale, de la créativité et une bonne plume peut mener au métier de concepteur-rédacteur. *« Il n'y a pas de formation type, car l'imagination, la créativité et le sens de la formule ne s'apprennent dans aucune école ! »* assure Nicolas, lui-même titulaire d'un master en marketing.

Après le bac en 5 ans

- Une école de publicité ou de communication (Sup de Pub, Iscom...) reste le parcours de formation classique. *« Cela permet de faire de nombreux stages dans le secteur et de se créer un réseau »*, explique Nicolas.
- Autres bac + 5 possibles : master en lettres ou en sciences humaines à l'université, institut d'études politiques, école de journalisme, Celsa, voire école d'arts appliqués...

Retrouvez les études pp. 87, 92.

DIRECTRICE ARTISTIQUE

© DR

Moly Richez,
directrice artistique
chez BBDP et Fils,
à Paris (75)

« La créativité se nourrit de tout. »

« En CDI et SDF. » Cette accroche, conçue pour la Fondation Abbé Pierre, Moly en a créé une traduction visuelle avec son binôme, le concepteur-rédacteur : la photo d'un homme endormi dans une voiture. La campagne avait pour thème : « L'emploi ne garantit plus un logement décent ». Le duo créatif en a donné plusieurs illustrations percutantes.

L'idée qui fera mouche. À partir du cahier des charges donné par le client (ou *brief* client), le directeur de création lance en interne une compétition entre ses binômes concepteur-rédacteur/directeur artistique. *« Il faut alors se creuser les méninges pour trouver rapidement l'idée qui fera mouche. Car c'est la meilleure proposition qui sera retenue. »* Directrice artistique aguerrie, Moly a appris à gérer ces compétitions et ne les vit plus dans le stress. *« J'aime ce travail en flux tendu, car cela crée une émulation. »*

Du crayon à l'ordinateur. Elle doit faire émerger visuellement le message publicitaire. Pour cela, elle fait des maquettes, des *moodboards* (planches où s'exprime avec des mots et des images le type de décor et d'ambiance souhaités), au crayon d'abord, puis avec des logiciels de graphisme. La curiosité est primordiale. *« Art contemporain, cinéma, théâtre, actualité nationale et internationale… il faut s'intéresser à tout car la créativité se nourrit de tout. »*

Mise en production. Lorsque l'une de ses propositions est choisie par le client, Moly enclenche la production. Elle donne ses consignes aux prestataires externes : photographes, réalisateurs… *« Je supervise la qualité graphique de ce qui est réalisé. »* Elle voit rarement le client (elle est davantage en contact avec les équipes commerciales de son agence, comme les chefs de pub). Mais cela arrive, quand il faut défendre un projet. *« Savoir justifier ses choix artistiques, s'imposer est alors essentiel ! »*

Quel salaire ?

Un directeur artistique démarre à 2 500 € brut par mois et peut gagner jusqu'à 6 000 € par mois s'il est l'auteur de campagnes à succès ou s'il travaille dans une agence de publicité prestigieuse.

Ça recrute ?

Difficile de décrocher son premier emploi. Les stages et les *books* (dossiers présentant les travaux personnels) sont incontournables. Ensuite, l'évolution de carrière est très liée à la mobilité. *« Pour progresser, il faut savoir changer d'agence »*, estime Moly. Et le réseau comme le bouche-à-oreille jouent un rôle important.

Quels débuts ?

On peut commencer comme assistant directeur artistique (DA) pour passer ensuite DA junior puis, après 5 ans d'exercice, DA senior. Mais, le plus souvent, plusieurs années d'expérience comme graphiste sont d'abord nécessaires.

Quelles études ?

Pour occuper des fonctions de directeur artistique, donc encadrer une équipe et gérer des projets, il faut viser un niveau bac + 5.

Après le bac en 2 ou 3 ans

Le BTS design graphique représente le diplôme de base. Il peut être complété par une licence pro (en 1 an) ou, mieux, par un DSAA design (en 2 ans).

Après le bac en 3 à 5 ans

• Les écoles d'art publiques délivrent une formation reconnue au niveau bac + 5, qu'il s'agisse de l'Ensad (diplôme d'école) ou des écoles supérieures d'art (DNSEP design).

• De nombreuses écoles privées dispensent des cursus en 3 à 5 ans en communication visuelle ou design graphique. Parmi elles, l'ECV et l'Esag-Penninghen préparent à la direction artistique. Très coûteuses, ces formations permettent, pour certaines, une bonne insertion dans le milieu professionnel.

Retrouvez les études pp. 77, 85.

MÉDIA PLANNER

© DR

Marie Barrielle,
média planner à l'agence Les Gaulois, à Paris (75)

« Négocier les meilleurs emplacements publicitaires, au meilleur prix. »

Attirée de longue date par le milieu de la publicité et son dynamisme, Marie découvre le média planning lors d'un stage en agence de pub. Cette expérience la convainc d'en faire son métier. *« C'est un poste très polyvalent, où l'on est en prise avec l'ensemble des médias. »*

Études et veille médias. À l'approche des vacances de Pâques, la compagnie Transavia veut lancer une campagne promotionnelle pour valoriser ses offres. Lorsqu'une telle demande lui est adressée, Marie commence par une phase d'études, durant laquelle elle analyse les investissements de la marque et de la concurrence, ainsi que les audiences des différents supports (télé, radio, Web...) utilisés. *« Il faut aimer jongler avec les bases de données et les logiciels. Et suivre au quotidien l'actualité des médias est indispensable. »*

Plan média. En fonction de la cible visée et du budget accordé, elle élabore un plan média et sélectionne les supports de diffusion les plus adéquats. Puis elle négocie avec les régies, qui vendent les espaces publicitaires. *« Pour toucher au mieux notre cible, l'enjeu est de négocier les meilleurs emplacements, au meilleur prix. Cette compétence commerciale est primordiale ! »* Elle soumet ensuite au client un plan détaillé (nombre de spots, périodes de diffusion, budget par types de supports...).

Suivre la campagne. Une fois ce plan validé et acheté, Marie en assure le suivi. *« Je vérifie que la campagne est correctement diffusée. Si elle se déroule sur le Web, je scrute en direct ses performances (le nombre de clics qu'elle suscite, par exemple) pour l'optimiser en temps réel. »* Un bilan des performances est ensuite présenté au client. *« Cela permet d'améliorer les dispositifs pour que les prochaines campagnes soient plus efficaces. C'est très stimulant ! »*

Quel salaire ?

Un média planner débutant gagne entre 2 000 et 2 500 € brut par mois.

Ça recrute ?

Ce métier a le vent en poupe, du côté des agences comme des annonceurs. *« Les postes recherchés sont ceux en relation avec les données clients sur le Web et les réseaux sociaux »*, explique Marie.

Quelle évolution ?

Le média planner débute souvent comme assistant chargé d'études média pour évoluer vers un poste de chef de groupe (qui dirige les média planners d'une cellule média).

Quelles études ?

Plusieurs niveaux de formation sont possibles, mais un bac + 5 est fortement recommandé.

Après le bac en 2 ou 3 ans

- Le BTS communication et le DUT information-communication option publicité, en 2 ans, sont les formations de base aux métiers de la communication et de la publicité.
- Possibilité ensuite de poursuivre 1 an en licence pro. Une seule existe en média planning, à l'IUT de Bordeaux Montaigne.

Après le bac en 4 ou 5 ans

La tendance actuelle est au recrutement de diplômés d'école de commerce (spécialisation en marketing ou en communication), d'école de publicité ou de communication, ou encore d'un master d'université en marketing, statistiques ou communication.

Retrouvez les études pp. 77, 79, 82, 84, 85, 87, 90, 92.

ACHETEUR

© DR

Benjamin Hine,
acheteur, chez Lacroix Electronics, à Saint-Pierre-Montlimar (49)

« J'ai un rôle clé dans l'entreprise en termes de rentabilité. »

Diplômé d'une école de commerce, Benjamin a fait ses premières armes dans la fonction achats chez un équipementier automobile. *« Je sélectionnais des fournisseurs, notamment pour des composants destinés à la fabrication des sièges. »* Aujourd'hui chez Lacroix Electronics, il achète, par exemple, des boîtiers en plastique ou en métal pour fabriquer des télécommandes. Ces produits ont déjà leurs fournisseurs attitrés. *« Mais, chaque année, je renégocie les conditions d'achat. »*

En quête de performance. Prix trop élevé, retards de livraison, problèmes de qualité... si le fournisseur ne rectifie pas le tir, l'acheteur peut décider d'en changer. *« Je cherche des gains de productivité. J'ai un rôle clé dans l'entreprise en termes de rentabilité »*, explique Benjamin. En compagnie de trois autres acheteurs, il approvisionne quatre usines, situées en Europe et en Tunisie. Chacune ayant sa famille de produits.

Négocier à l'international. Deux millions de connecteurs à acheter à 1 € la pièce ? Les fabricants, principalement asiatiques, sont mis en concurrence. Pour les pièces mécaniques, Benjamin se tourne vers les fournisseurs implantés à proximité de ses usines, afin de réduire les coûts de transport. *« Les négociations se font souvent en anglais, en tenant compte des pratiques culturelles. L'objectif est d'obtenir un bon prix et les meilleures conditions de vente. »* Autrement dit : bénéficier de facilités de transport, ne payer que le nombre de pièces utilisées en fabrication...

Un référent. Exerçant une fonction pivot, Benjamin communique avec tous les services de son entreprise, notamment marketing. Il se déplace aussi. *« Dans les usines en tant que contact référent, mais aussi chez les fournisseurs pour voir comment les pièces sont produites. Et m'assurer de leur qualité ! »*

Quel salaire ?

« Un acheteur commence sa carrière avec environ 2100 à 2500 € brut par mois. Son salaire peut atteindre 3350 à 4200 € après 5 à 10 ans d'expérience. »

Ça recrute ?

Les acheteurs sont recherchés. Un bac + 2 ou bac + 3 suffit dans les PME. Un bac + 5 et, souvent, une première expérience sont demandés dans les grandes entreprises.

Quels débuts ?

Dans un groupe, l'acheteur peut se consacrer à une famille de produits, à un projet ou encore à une unité de production. Dans une PME, le travail est plus polyvalent. Avec de l'expérience, il peut manager une équipe, comme responsable puis directeur des achats. *« En fonction des motivations et des opportunités, il n'est pas rare de voir des acheteurs passer sur des postes de commercial ou de chef de projet. »*

Quelles études ?

Le métier requiert des talents pour la négociation et, selon les entreprises, un bon niveau en anglais, voire des connaissances techniques.

Après le bac en 2 ou 3 ans

- Le BTS management des unités commerciales (MUC), le BTS négociation et relation client (NRC) ou le DUT techniques de commercialisation sont les diplômes les plus fréquents.
- Un BTS ou un DUT dans une spécialité technique, complété par une licence pro en achats, donne accès à des postes en PME/PMI du secteur industriel.

Après le bac en 5 ans

- Pour entrer dans la grande distribution, un diplôme d'école de commerce ou un master d'université est recommandé, avec si possible une spécialisation achats.
- Un diplôme d'ingénieur avec, idéalement, une seconde compétence en achats industriels permet de viser les services achats de grandes entreprises industrielles.

Retrouvez les études pp. 77, 80, 82, 84, 85, 87, 90.

COMMERCIAL

© DR

Romain Timsit,

responsable commercial pour la société Edenred, à Malakoff (92)

« Il faut comprendre le besoin du client pour y répondre. »

En poste depuis 1 an et demi, Romain a de l'énergie à revendre. À 25 ans, il gère déjà un portefeuille de 550 clients ! Ses produits ? Le Ticket Restaurant et le Chèque emploi service universel* (Cesu), qu'il promeut auprès des entreprises de la région parisienne.

Fidéliser ses clients. *« Avec mon binôme, qui travaille au siège, la répartition des tâches se fait naturellement. »* Romain s'occupe personnellement des 30 principaux clients et de ceux qui demandent un suivi régulier. S'il passe 2 jours au bureau pour rédiger les comptes rendus de ses rendez-vous, répondre à des appels d'offres et prospecter de nouveaux acheteurs, le reste de la semaine il est en rendez-vous : pour présenter les nouveaux services, expliquer l'utilisation du produit, comme la version numérique des tickets restaurant... Il est toujours disponible pour répondre à toute question.

En trouver de nouveaux. *« Perdre un client, c'est facile, mais en décrocher un nouveau, c'est très difficile. »* Pour gagner un contrat, il doit d'abord identifier une entreprise puis repérer le bon interlocuteur (souvent aux ressources humaines), analyser les besoins puis négocier, pour enfin conclure la vente (volume de salariés concernés, durée...). *« Même quand on l'a emporté, on doit avoir un coup d'avance. »* Il faut aussi être tenace. Récemment, Romain a réussi à convaincre une entreprise, alors qu'elle s'était déjà engagée avec un concurrent.

Être à l'écoute. *« On signe rarement un contrat du jour au lendemain. Cela peut prendre beaucoup de temps. »* La clé ? Rester en contact et gagner la confiance. *« On invite par exemple nos prospects à des conférences où ils rencontrent nos clients, ce qui les rassure. Mais le principal, c'est de connaître son interlocuteur et ses besoins : je dois toujours écouter, avant d'argumenter. »*

* Le Chèque emploi service universel permet de payer de l'aide à domicile (garde d'enfant, ménage, bricolage...).

Quel salaire ?

Le salaire d'un commercial en poste depuis moins de 3 ans dans une entreprise de services s'échelonne entre 2250 et 2900 € brut par mois. S'y ajoute une part variable qui peut augmenter de 5 à 40 % la rémunération ! Autre avantage : beaucoup de commerciaux disposent d'une voiture, d'un ordinateur et d'un téléphone professionnels.

Ça recrute ?

Selon la Dares, 150 000 recrutements de cadres commerciaux et technico-commerciaux sont à prévoir d'ici 2022 *(lire p. 109)*, dont 80 000 créations d'emploi surtout dans les secteurs de la banque, de l'assurance, de l'immobilier ou de la grande distribution.

Quelle évolution ?

Un commercial qui fait ses preuves progresse vite. Les entreprises, désireuses de retenir les bons éléments, leur proposent des promotions et des formations. Le *turn-over* est important. Possibilité d'évoluer vers des postes de manager d'équipe ou de directeur commercial.

Quelles études ?

Se constituer une expérience de terrain grâce aux stages ou à une formation en alternance est un atout.

Après le bac en 2 ou 3 ans

- Diplômes de base : le BTS négociation et relation client (NRC), le BTS technico-commercial, le BTS management des unités commerciales (MUC) ou le DUT techniques de commercialisation (en 2 ans).
- Possibilité de poursuivre en licence pro commerce et vente (en 1 an).

Après le bac en 5 ans

- Master d'université ou diplôme d'école de commerce, en ingénierie d'affaires notamment.

Retrouvez les études pp. 77, 80-91.

MARCHANDISEUSE

© DR

Anne Girard,
responsable
du département
communication
et aménagement
du magasin Ikea d'Évry (91)

« Le bon produit, au bon endroit, au bon moment ! »

Attirée d'abord par le métier d'architecte d'intérieur, Anne entame des études d'art. Un reportage sur le métier de marchandiseur lui fait changer d'avis. *« C'est un métier en lien avec l'architecture d'intérieur, la vente et l'événementiel. C'est ce qui m'a tout de suite intéressée. »* Elle se réoriente en école de commerce et suit une formation en *merchandising* à Novancia. Embauchée par Ikea, elle dirige aujourd'hui une équipe de 20 personnes.

Imaginer. Anne gère l'aménagement des espaces commerciaux de l'ensemble du magasin d'Évry. *« Pour vendre un produit, il faut le mettre en valeur. Mon but, c'est de faire rêver les clients. »* Elle travaille d'abord sur plans, grâce à des logiciels de modélisation. *« Je dois tenir compte des recommandations commerciales (produits à mettre en avant), du concept d'Ikea (parcours de visite) et des différentes contraintes de confort et de sécurité des clients. C'est la stratégie du bon produit, au bon endroit, au bon moment. »* Elle s'appuie également sur des études marketing pour connaître les besoins des clients et leurs habitudes de consommation.

Aménager. Une grosse partie du travail se fait ensuite sur le terrain. *« Il ne faut pas avoir peur de monter sur un escabeau. »* De la refonte d'un rayon à la mise en place d'une décoration temporaire, les actions sont variées. *« Pour les fêtes de fin d'année, je transforme tout le magasin, afin de créer une ambiance de Noël et de mettre en avant les produits liés à ce moment. Le but est d'attirer le regard et de susciter l'intérêt des visiteurs. »*

Résultats immédiats. En tant que responsable, Anne dirige les marchandiseurs, les architectes d'intérieur, les graphistes, et collabore avec les équipes commerciale et logistique. *« Le client a besoin des informations nécessaires (pancartes...) pour trouver rapidement l'emplacement des produits. Sur le plan commercial, nous pouvons mesurer les fruits de notre travail de manière immédiate. »*

Quel salaire ?

Un marchandiseur débute au Smic. Après quelques années d'expérience, il peut gagner jusqu'à 3 000 € net par mois.

Ça recrute ?

« Depuis quelques années, les postes se font plus rares. Il faut avoir un bagage artistique, mais aussi des notions commerciales. C'est un métier où le lien entre la création et la vente est très important », explique Anne.

Quelle évolution ?

Après plusieurs années d'expérience comme marchandiseur, il est possible d'accéder au poste de chef de rayon ou de prendre la direction d'un magasin.

Quelles études ?

Il existe peu de diplômes spécifiques, mais plusieurs formations commerciales ou du domaine de la distribution abordent le marchandisage.

Avec le bac

Le bac pro artisanat et métiers d'art propose une option marchandisage visuel.

Après le bac en 2 à 3 ans

- Le BTS management des unités commerciales (MUC) et le DUT techniques de commercialisation (en 2 ans) sont les formations de base aux métiers du commerce et de la distribution (en 1 an). Ils peuvent être complétés par une licence pro commerce et distribution.
- Quelques formations spécialisées : à l'ESDM (École supérieure de design et de merchandising) ou à Novancia, en partenariat avec La Fabrique (École des métiers de la mode et de la décoration). Coût et durée des études variables.

Retrouvez les études pp. 74, 77, 80, 82, 84, 85, 90.

RESPONSABLE DE MAGASIN

Alexandre Lechat,
responsable d'un magasin Besson Chaussures, à Aubergenville (78)

« Tout doit être propre et bien rangé. C'est nécessaire pour mieux vendre. »

C'est avec un bac STT (actuel bac STMG) qu'Alexandre, 36 ans, a commencé sa carrière. *« J'ai toujours voulu faire du commerce »*, précise-t-il. Après quelques expériences dans l'intérim, il devient vendeur chez Gémo. Un an plus tard, il est promu responsable de magasin : *« Il faut avoir du mordant et savoir foncer. »* Aujourd'hui, Alexandre dirige un magasin Besson Chaussures de 1200 m^2 et une équipe de quatre personnes.

Multi-casquettes. Il ne compte pas ses heures. *« Je travaille 6 jours par semaine, de 9 h à 20 h. Je prends rarement plus de 2 semaines de vacances par an. »* Le matin, avant l'ouverture, il passe en revue avec l'équipe le planning du jour, les choses à améliorer, le chiffre des ventes à atteindre… Ensuite, selon les arrivages, il peut avoir à superviser la réception d'une vingtaine de palettes de chaussures, le contrôle de la marchandise, le stock en réserve. Ou conseiller les clients en magasin, être en caisse. Ou encore avoir une réunion au sujet des décorations et animations prévues pour les fêtes de fin d'année avec l'équipe marketing de la zone commerciale où se trouve son magasin. *« Je marche 10 à 12 km par jour ! »* résume-t-il.

Chef d'orchestre. Il a l'œil à tout : *« Je m'assure de la bonne tenue du magasin : je vérifie que tout est propre et bien rangé. C'est nécessaire pour mieux vendre. »* Car l'objectif numéro un reste de susciter l'achat. *« Il faut mettre en valeur les modèles selon la règle des "5 B" : le bon produit, au bon endroit, au bon moment, au bon prix et en bonne quantité. »*

Réactif. Les chaussures sont choisies par l'enseigne qui les commande pour Alexandre. *« Mais, si un modèle plaît beaucoup, je peux faire des demandes supplémentaires de marchandise. À l'inverse, quand un article s'écoule difficilement, je choisis de baisser un peu le prix. »* Grâce à son travail, et parce qu'il est épaulé par une équipe *« qui tient la route »*, Alexandre arrive à vendre près de 80 000 paires de chaussures par an !

Quel salaire ?

Les salaires varient selon le type de magasin. Une partie de la rémunération peut dépendre des chiffres de vente. Un directeur de magasin en poste depuis moins de 3 ans touche environ 2 000 € brut par mois, hors primes. Pour un directeur d'hypermarché, la rémunération commence à 5 400 € brut par mois, hors primes.

Ça recrute ?

Selon la Dares, la vente est l'un des secteurs où il y aura le plus de créations d'emploi dans les années à venir *(lire p. 109)*. En particulier dans les enseignes moins connues du grand public et moins ciblées par les jeunes diplômés.

Quelle évolution ?

Pour monter en grade, un responsable de magasin est, le plus souvent, affecté dans un autre magasin, plus grand, avec davantage d'employés et un chiffre d'affaires plus important. Ou il peut être chargé de gérer plusieurs magasins. Autre possibilité : prendre des fonctions au siège social de l'entreprise (gestion, marketing...).

Quelles études ?

Un bac pro, associé à de l'expérience, peut permettre d'accéder à ce poste. Mais la tendance est à une hausse du niveau de diplôme. Un bac + 2 au minimum est de plus en plus demandé.

Après le bac en 2 ou 3 ans

- Un BTS management des unités commerciales (MUC) ou un DUT techniques de commercialisation (TC) peut permettre d'accéder à un poste de responsable d'une boutique petite ou moyenne. Avec, le plus souvent, une expérience de vendeur ou de manager de rayon au sein de l'enseigne, au préalable.
- Pour des magasins plus importants, une licence pro spécialisée dans la grande distribution est appréciée.

Après le bac en 5 ans

On trouve également des diplômés d'écoles de commerce ou de masters d'université en commerce, distribution ou marketing.

Retrouvez les études pp. 77, 80, 82, 84, 85, 87, 90.

VENDEUR

© DR

Patrick Dherbecourt,
vendeur chez Conforama, à Meaux (77)

« Les clients qui viennent en magasin veulent être rassurés. »

De l'expérience, Patrick, 50 ans, en a à revendre ! Après un CAP dans la mécanique et une expérience dans l'immobilier, c'est vers la vente d'électroménager qu'il se tourne. *« J'ai toujours aimé le commerce »*, explique-t-il, et depuis son arrivée à Conforama son enthousiasme ne l'a pas quitté. *« On m'a proposé de devenir chef de rayon, mais j'ai refusé : je suis vendeur et heureux de l'être ! On rencontre des gens différents tous les jours : ce contact humain est enrichissant. »*

En magasin. La journée commence par un rapide bilan de la veille, avant de s'assurer qu'il ne manque aucun produit dans le rayon, que la présentation est propre et l'alignement des articles parfait. Puis Patrick se rend disponible pour les 50 à 250 personnes qu'il renseigne chaque jour. Connaissant parfaitement sa marchandise, il apporte des conseils et donne toutes les informations techniques dont il dispose.

Connecté. Depuis 1 an et demi, un nouvel outil a modifié sa façon d'exercer sa profession : il est désormais un vendeur « connecté ». La tablette numérique est un nouveau moyen de remplir ses objectifs de vente. Son rayon « blanc » - lave-linge, frigo, lave-vaisselle - n'a plus de limite. *« Si un client veut une référence que nous n'avons pas en stock, je peux quand même le renseigner en consultant nos fiches détaillées, et la lui commander. Et conclure une vente de plus. »*

Les fondamentaux. Dans tous les cas, il faut d'abord comprendre ce que cherche la personne pour la guider au mieux. *« Un bon vendeur, c'est celui qui écoute le client pour trouver le produit qui répond à ses besoins. Les personnes qui viennent en magasin veulent être rassurées ; sinon, elles achèteraient sur Internet. »* Au vu de la fidélité des clients de Patrick, c'est mission accomplie pour lui.

Quel salaire ?

Les salaires sont variables. Les jeunes vendeurs commencent au smic, soit 1450 € brut par mois. Ils gagnent 1850 € en moyenne chez Conforama. Des primes variables, selon l'enseigne et l'expérience, s'y ajoutent.

Ça recrute ?

Selon la Dares, la vente est l'un des secteurs où il y aura le plus de création d'emplois dans les années à venir. Plus de 200 000 embauches sont attendues d'ici 2022 *(lire p. 109)*.

Quelle évolution ?

Un bon vendeur, diplômé, peut évoluer très rapidement. Une expérience du métier est quasi indispensable pour devenir ensuite manager de rayon, voire responsable de magasin.

Quelles études ?

Différents niveaux de diplômes existent, qui donnent accès à différents types d'enseignes.

Avec le bac

Le bac pro commerce, voire le bac pro vente donnent accès au métier. Il existe également, pour certains créneaux, des bacs pro agricoles technicien conseil vente (produits de jardin, animalerie, vins et spiritueux...).

Après le bac en 2 ans

Le BTS management des unités commerciales (MUC), voire le BTS négociation et relation client (NRC), ou le DUT techniques de commercialisation permettent d'évoluer plus vite vers des postes d'encadrement.

Retrouvez les études pp. 74, 75, 77, 80, 82, 84.

LES CONDITIONS DE TRAVAIL

Pression de la concurrence ou des clients, compétition, journées à rallonge, mais aussi créativité, travail d'équipe... aperçu de ce qui fait le quotidien des professionnels du marketing, de la pub et de la vente.

Stress et émulation
Résister à la pression

Dans le marketing, la publicité ou la vente, le sang-froid est précieux. *« Quand on répond à un appel d'offres, nous sommes en compétition avec d'autres binômes créatifs, au sein même de notre agence »*, explique Moly Richez, directrice artistique. *« Il faut trouver le plus vite possible l'idée qui fera mouche, pour l'emporter. »* Pro aguerrie, elle ne vit plus ces compétitions dans le stress. Mais confesse qu'à ses débuts, c'était le cas. *« Avec le temps, j'ai appris à gérer la pression. »* Autre métier comportant son lot de tensions : celui de directeur de la communication, comme l'explique Sixtine d'Avout, qui travaille pour Michel et Augustin. *« Dans l'agroalimentaire, la concurrence fait rage. On n'a pas le droit à l'erreur et il faut toujours avoir un temps d'avance ! »* Même chose dans les fonctions commerciales où le risque de perdre des clients est permanent. Réactivité et résistance au stress permettent de l'emporter sur la durée.

Le client avant tout
Avoir le sens de l'écoute

Dans la vente, le contact avec le client et la qualité de cette relation constituent les fondements du métier. En magasin, bien sûr, où l'accueil du consommateur est toujours prioritaire, mais aussi dans toute relation commerciale. Les règles de base sont l'écoute et la disponibilité : *« Il faut venir quand le client le demande. Et ne pas hésiter à adapter son emploi du temps. Le client sera reconnaissant »*, explique Romain Timsit, commercial chez Edenred. Même nécessité dans la publicité ou le marketing : *« Présenter nos propositions quand le client l'exige est un impératif ! »* observe Lorraine Garnier, chargée d'études marketing chez BVA. *« Et revoir sa copie jusqu'à satisfaction du client »*, ajoute Gloria Amzallag, cheffe de pub.

De nombreux postes nécessitent de pouvoir échanger en anglais.

© CYRIL LAURET/ONISEP

Sur la route
À la rencontre des clients ou des fournisseurs

Certains métiers exigent un vrai amour du terrain ! La mission de certains commerciaux leur impose d'avaler des kilomètres pour rencontrer leurs clients. C'est également vrai pour certains postes du marketing. *« Je pars souvent pour rencontrer nos fournisseurs, en Chine, en Pologne... »*, indique Claire Palczynski, cheffe de produit chez Kiabi. Anne Girard, marchandiseuse chez Ikea, vit également cette réalité : *« Je vais régulièrement au siège de l'entreprise, en Suède mais aussi en Hollande, en Espagne... Et il y a les déplacements en France, pour une ouverture de magasin, par exemple. »*

Rythme de travail
Tenir la cadence !

Longues journées, travail le week-end... les professionnels du marketing sont soumis à un rythme intense. *« Je travaille au moins 45 heures par semaine »*, explique Alexia Petitjean, cheffe de produit chez Black & Decker. Dans le secteur très concurrentiel du marketing, il faut sans cesse proposer de nouvelles idées. Tenir la cadence est aussi l'une des conditions du monde de la vente. *« Je travaille 6 jours par semaine, de 9 h à 20 h. Je prends rarement plus de 2 semaines de vacances par an »*, précise Alexandre Lechat, responsable d'un magasin Besson Chaussures. Et la vie dans les boutiques ne s'arrête pas avec le départ des derniers clients. *« Lors de la mise en place d'installations, il nous arrive de venir très tôt le matin ou de finir tard le soir »*, explique Anne Girard, marchandiseuse chez Ikea.

Travail d'équipe
Créer et vendre ensemble

Réaliser un projet de communication, développer un produit, concrétiser une vente... tout cela est impossible en solo ! Ces missions exigent un travail d'équipe, mais aussi des contacts réguliers et une connaissance approfondie des autres services ou métiers de l'entreprise. *« On ne peut pas concevoir une nouvelle tondeuse sans travailler en étroite collaboration avec les services recherche et développement et/ou fabrication »*, explique Alexia Petitjean, cheffe de produit chez Black & Decker. Et, à l'autre bout de la chaîne, les vendeurs ont besoin de s'appuyer sur des argumentaires de vente conçus pour et avec eux.

DICO DES MÉTIERS

© YURI/ISTOCK.COM

MARKETING

CHARGÉ/E D'ÉTUDES MARKETING

★☆

Pour aider à concevoir le bon produit, il procède à des enquêtes de terrain. Objectif ? Mieux connaître les clients potentiels. Quel âge ont-ils ? Quel type de produits recherchent-ils ? Où les achètent-ils ? Parmi ses techniques d'enquête : les tests comparatifs. Il rend ensuite ses conclusions sous forme de tableaux statistiques et de préconisations.

Formation

École de commerce avec spécialisation en marketing ; École nationale de la statistique et de l'analyse de l'information (Ensai) ; master d'université en marketing ou en statistique ; institut d'études politiques (IEP)...

CHARGÉ/E DE PROMOTION MARKETING

★☆

Jeu-concours, publicité sur les lieux de vente... ce pro définit le type de promotion qui attirera de nouveaux consommateurs et augmentera les ventes. Il imagine les campagnes et choisit les enseignes qui annonceront la promotion. Pour la mise en place du produit, il travaille en collaboration avec les marchandiseurs. Il fait ensuite remonter au chargé d'études marketing les observations concernant les comportements d'achat.

Formation

BTS management des unités commerciales (MUC), DUT techniques de commercialisation (TC) ; licence pro en commerce ou marketing ; école de commerce ; master en marketing...

CHEF/FE DE MARQUE

★★

Plus qu'un produit, il gère l'ensemble d'une marque dont il assure la cohérence globale. Pour ce faire, il veille à ce que les articles proposés ainsi que le packaging correspondent bien à l'identité de la marque. S'appuyant sur des études qu'il conçoit et analyse, il définit les grandes orientations et conseille la direction de l'entreprise sur la stratégie.

Formation

École de commerce avec spécialisation en marketing ou master d'université en marketing.

CHEF/FE DE PRODUIT MARKETING

★☆

Séduire le consommateur, telle est l'ambition de ce pro... Sa mission: concevoir des produits en s'appuyant sur des études de marché et en analysant la concurrence et les nouvelles tendances. Une fois le produit créé, il coordonne les actions de promotion, détermine les conditions de distribution (quantités et prix) et surveille l'évolution des ventes.

Formation

École de commerce avec spécialisation en marketing ou master d'université en marketing.

COMMUNITY MANAGER

★☆

Il crée et anime sur le Web des communautés d'internautes autour d'une entreprise, d'une marque, d'une institution. Son objectif: accroître leur notoriété, soigner leur e-réputation, conquérir et fidéliser des visiteurs... Ses «armes»? Sites, blogs, pages Facebook et comptes Twitter... mais aussi son habileté à attirer et à mobiliser...

Formation

BTS communication; DUT information-communication ou métiers du multimédia et de l'Internet (MMI); licence pro ou master en communication numérique; école de communication ou de commerce...

MANAGER E-CRM

★★

Dernières navigations sur le Web, comportements d'achat, questionnaires... le responsable e-CRM utilise toutes les informations que laissent les clients sur les sites Internet pour mieux les connaître et les fidéliser. À partir des données obtenues, il identifie des groupes de consommateurs et leur propose des produits et services sur mesure, en adéquation avec leurs goûts et leurs besoins: mails personnalisés, bons de réduction à imprimer... Les réseaux sociaux, comme Facebook ou Twitter, sont très utilisés dans l'e-CRM.

Formation

Master en e-marketing, marketing digital; école de commerce.

RESPONSABLE MARKETING

★★

Ancien chef de produit, il a pris la direction de l'équipe marketing. À ce titre, ce professionnel est responsable de la stratégie marketing d'une marque. C'est lui qui supervise le développement des produits et leur lancement sur le marché. Suivant la taille de l'entreprise, le responsable marketing peut également prendre en charge la communication (relations avec les médias, événementiel, présence sur les réseaux sociaux...).

Formation

Bac + 5 spécialisé en marketing-communication. École de commerce; master à l'université; diplôme d'IEP...

★☆ *Accessible directement après ses études*

★★ *Accessible avec de l'expérience*

RESPONSABLE WEBMARKETING
★★

Commercial dans l'âme, il connaît toutes les stratégies de la vente sur Internet. Chargé d'assurer la bonne visibilité de son entreprise ou de sa marque sur le Net et de son bon référencement dans les annuaires et les moteurs de recherche, sa tâche ne s'arrête pas là. Une fois l'internaute sur le site, il faut lui donner envie d'y rester et même d'y revenir. Pour fidéliser le visiteur, il met en place des jeux, des promotions, des *newsletters*… Vient ensuite le temps de l'analyse, pour mesurer les résultats de sa stratégie et la fréquentation du site.

Formation

École de commerce ; master en marketing…

TRAFFIC MANAGER
★☆

Au sein d'une entreprise ou dans une agence de webmarketing, le traffic manager gère des espaces publicitaires, met en ligne des campagnes et analyse leurs performances, chiffres à l'appui. Pour cela, il met en place des outils de *tracking* qui enregistrent les taux de clics et les ventes en ligne. Pour attirer des visiteurs et des consommateurs sur un site Internet, les liens sponsorisés et les bannières publicitaires sont ses meilleures armes. Il peut modifier une campagne afin de doper ses résultats, qu'il présente chaque mois à l'annonceur.

Formation

DUT MMI ; BTS ou DUT commerce, communication, informatique ; licence pro ; master ; école de commerce ; école d'Internet.

PUBLICITÉ

ACHETEUR/EUSE D'ESPACES PUBLICITAIRES
★☆

Sa mission ? Acheter des encarts publicitaires dans un magazine ou quelques secondes de spot radio ou télé. À lui de négocier les meilleurs emplacements au meilleur prix ! En amont, il analyse comment toucher au mieux la cible visée (le plan média) afin de déterminer le nombre et le type d'insertions publicitaires à prévoir. Le goût pour les statistiques et l'art de la négociation commerciale sont requis.

Formation

BTS communication ; DUT information-communication ; licence professionnelle ou master d'université en commerce ou marketing ; école de commerce ; école de pub ou de communication.

ATTACHÉ/E DE PRESSE
★☆

Son rôle ? Rédiger des communiqués et des dossiers de presse pour les journalistes. Afin de promouvoir un événement ou la sortie d'un produit, il peut aussi organiser une conférence ou un voyage de presse. Ce professionnel peut être salarié ou *free-lance*. Sens du relationnel, diplomatie et dynamisme sont indispensables.

Formation

Master d'université en communication ; école de communication.

© GRAPHICOBSESSION

CHEF/FE DE PUB
★★

C'est l'intermédiaire entre le client et les créatifs. À partir de la problématique exprimée par l'annonceur, il collecte des informations sur la cible visée pour conseiller diverses stratégies de campagne publicitaire. Il donne ensuite ses consignes aux créatifs : direction à donner à la campagne, supports de diffusion souhaités (affiches, bannières web...). Planification et rentabilité des projets font aussi partie de ses missions.

Formation

Master d'université en marketing ; école de commerce ; école de pub ou de communication.

CHEF/FE DE PUB RÉGIE
★☆

Pour des entreprises de médias (magazine, chaîne de télé, site web), il vend des espaces publicitaires à des annonceurs (les marques). Son moyen ? Prouver l'adéquation entre le support média qu'il représente et les besoins des annonceurs. Sens de la négociation et goût pour la prospection commerciale sont nécessaires. Il peut travailler dans une régie externe ou interne au média.

Formation

Master en marketing ; école de commerce ; école de pub ou de communication.

CONCEPTEUR/TRICE-RÉDACTEUR/TRICE
★☆

« Celui qui conduit, c'est celui qui ne boit pas. » Trouver une accroche publicitaire simple et percutante, tel est le but de ce créatif. Pour cela, il doit bien connaître l'univers du client et scruter les campagnes de la concurrence. Spécialiste du texte, il œuvre en tandem avec le directeur artistique qui gère, lui, l'aspect visuel. Goût pour l'écriture, sens de la formule et solide culture générale exigés !

Formation

Master d'université en lettres ou sciences humaines ; diplôme d'IEP, d'école de commerce, de pub ou de communication.

DIRECTEUR/TRICE ARTISTIQUE
★☆

En tandem avec le concepteur-rédacteur, le « DA » conçoit la partie artistique d'une campagne. À l'aide de logiciels de graphisme, il travaille l'aspect visuel du message publicitaire. Une fois le *brief créatif* validé par le client, il supervise la fabrication du projet de A à Z (affiches, spots télé...). Imagination, créativité et sens de l'esthétique lui sont essentiels.

Formation

BTS design graphique ; école d'art ou de design.

★☆ *Accessible directement après ses études*
★★ *Accessible avec de l'expérience*

DIRECTEUR/TRICE DE CLIENTÈLE

★★

Interface entre l'agence de publicité et les clients, il a un rôle clé. Commercial d'abord, il gère un portefeuille de clients, tout en faisant de la prospection. Conseiller, il aide les annonceurs dans leur réflexion stratégique. Coordinateur, il supervise aussi la réalisation des campagnes publicitaires, en lien avec toutes les équipes de l'agence. Art de la négociation et compétences managériales indispensables.

Formation

Master d'université en marketing ou en communication; école de communication ou de pub; école de commerce.

DIRECTEUR/TRICE DE CRÉATION

★★

Ce professionnel supervise les créatifs (directeurs artistiques, concepteurs-rédacteurs, graphistes...) et donne des axes de réflexion à son équipe. Il suit l'évolution des projets, animant des réunions pour motiver ses troupes. Il veille aussi à développer la créativité: analyse de la concurrence, recherche de nouveaux talents... Responsable de la stratégie créative de son agence, il occupe un poste à hautes responsabilités.

Formation

École d'arts appliqués; master d'université en communication ou marketing; école de commerce (avec une spécialisation en communication ou marketing); école de communication, de pub.

DIRECTEUR/TRICE DE LA COMMUNICATION

★★

Responsable au plus haut niveau de la communication de son entreprise, la mission du « dircom » est d'envergure! Il élabore les actions visant à promouvoir l'image de son entreprise et à accroître sa visibilité auprès du public. Chef d'orchestre, il coordonne le travail de ses collaborateurs (chargés de com, webmasters...).

Formation

Master d'université en communication; diplôme d'IEP, d'école de communication (Celsa) ou de commerce avec une spécialisation en relations presse.

MÉDIA PLANNER

★☆

Au service d'un client et de son projet de communication, cet expert organise le passage de publicités sur divers supports: télé, radio, Web... Puis il négocie avec les régies médias pour obtenir les meilleurs emplacements au meilleur prix. Ses outils? Les statistiques et les études de marché. Son but? Que la pub soit vue par le plus grand nombre! Goût des chiffres, sens de l'analyse et compétences commerciales indispensables.

Formation

Licence pro métiers du média planning; master d'université en statistiques; diplôme d'IEP, d'école de commerce, d'école de communication ou de pub.

© ALAIN POTIGNON/ONISEP

VENTE

ACHETEUR/EUSE

★☆

Qualité, coût et délai sont ses trois obsessions. Son but ? Acheter des produits (matière première, composants...) en grande quantité pour approvisionner une usine, une entreprise ou les rayons d'un magasin. En contact avec les fournisseurs, il négocie les meilleures conditions d'achat : prix, quantité, remises et délais de livraison. Objectif : réduire les stocks, les coûts de production et augmenter les bénéfices.

Formation

BTS MUC, BTS NRC, DUT TC, école de commerce ou master d'université « achats ».

ANIMATEUR/TRICE RÉSEAU

★★

Quand son magasin appartient à une chaîne, le responsable de supermarché ne décide pas de tout ! Il est aidé par l'animateur réseau. Responsable d'une zone géographique, celui-ci analyse les activités des différents points de vente, vérifie que les objectifs de vente sont tenus, et relaie les stratégies et les décisions du siège social. Il les accompagne dans leur développement en donnant des conseils sur la gestion, la communication, la formation et en cherchant des solutions quand un problème se pose...

Formation

BTS MUC, DUT TC, licence pro, école de commerce ou master d'université en marketing, distribution.

★☆ *Accessible directement après ses études*

★★ *Accessible avec de l'expérience*

ASSISTANT/E COMMERCIAL/E

★★

Sa mission ? Permettre au commercial de se concentrer sur ses rendez-vous. De son côté, il traite les commandes, devis et factures. Il met à jour le fichier clients, actualise les tableaux statistiques des ventes et vérifie les stocks.

Formation

BTS assistant de gestion de PME/PMI, BTS assistant de manager, BTS MUC ; BTS NRC, DUT gestion administrative et commerciale des organisations (GACO) ou DUT TC.

CHEF/FE DE SECTEUR

★★

Ambassadeur de sa marque, il visite les supermarchés et autres lieux de vente de sa zone géographique. Autonome, constamment sur les routes, il s'assure que ses produits sont présents, au bon prix et en nombre suffisant. Il présente également ses nouveaux produits aux managers de rayon et propose des animations ponctuelles. Il rédige des comptes rendus de visites et fait remonter les informations aux équipes marketing.

Formation

BTS MUC, BTS NRC, BTS technico-commercial ou DUT TC. Le plus souvent, un bac+5 du domaine commercial.

COMMERCIAL/E EXPORT
★☆

Un jour à Londres, le lendemain au Japon... il se déplace beaucoup pour vendre des produits ou des services à l'étranger. Négociant les ventes avec des personnes de culture différente, il parle anglais ou la langue du pays. En plus de la maîtrise des techniques de vente, il possède des notions de droit.

Formation

BTS commerce international; licence pro; école de commerce.

MANAGER DE RAYON
★★

Jouets, téléphones ou chaussures: selon son domaine, il choisit et commande les articles à vendre, souvent présélectionnés par une centrale d'achats. Il encadre les vendeurs, décide des promotions: sur quels produits, pour quelle durée? Il vérifie l'approvisionnement des rayons, les stocks. Tout doit être en ordre, les prix affichés et les produits mis en valeur. Il doit réaliser un bon chiffre d'affaires et en rendre compte au directeur du magasin.

Formation

BTS MUC; BTS NRC; DUT TC; licence pro en commerce, vente; école de commerce, de vente.

MARCHANDISEUR/EUSE
★☆

Pour donner l'envie d'acheter, il joue sur les présentoirs, la signalétique, l'éclairage. Difficile à organiser quand les produits se multiplient et que chaque magasin a son propre agencement. Il teste l'emplacement idéal sur ordinateur. Il s'appuie sur des études marketing et discute avec les managers de rayon pour connaître les habitudes d'achat des consommateurs.

Formation

BTS MUC; DUT TC; licence pro; école de commerce; master en marketing...

RESPONSABLE DE MAGASIN
★★

Véritable chef d'entreprise, il assure le bon fonctionnement de sa boutique, en visant l'augmentation du chiffre d'affaires. Qu'il soit salarié ou propriétaire, ses responsabilités s'étendent à trois domaines: le commerce, la gestion et le management. Il lance des animations pour augmenter les ventes, soigne ses relations avec les fournisseurs et les transporteurs. Côté gestion, il élabore les budgets et supervise les approvisionnements. Enfin, il encadre le personnel, répartit le travail, fixe des objectifs.

Formation

BTS MUC; DUT TC; licence pro; école de commerce.

TECHNICO-COMMERCIAL/E
★☆

Doté de compétences techniques, il vend des services ou produits souvent à une autre entreprise: logiciel, imprimante... Après analyse des besoins du client, il propose une offre sur mesure. Il élabore le devis, négocie le contrat, veille au planning et à la qualité de la prestation livrée. Après la vente, il apporte des conseils techniques aux acheteurs et les rencontre régulièrement pour les fidéliser.

Formation

BTS ou BTSA technico-commercial, BTS MUC, BTS NRC ou DUT TC. Licence pro, école d'ingénieurs, école de commerce...

★☆ *Accessible directement après ses études*
★★ *Accessible avec de l'expérience*

TÉLÉVENDEUR/EUSE

★☆

« Pour passer une commande, tapez 1. Pour un renseignement, tapez 2. » 24 heures sur 24, le répondeur met en relation les clients avec un centre d'appels. Ce dernier regroupe des télévendeurs qui effectuent des réservations, répondent aux questions des consommateurs ou… vendent des produits. Car, bien souvent, c'est le télévendeur qui téléphone pour proposer un produit ou une nouvelle offre. Après avoir ciblé le profil de l'acheteur potentiel, il présente donc son argumentaire en espérant conclure la vente. Les plates-formes téléphoniques se développent dans tous les secteurs : banques, télécoms…

Formation

Bac pro vente et bac pro commerce. MC assistance, conseil, vente à distance. BTS MUC, BTS NRC, DUT TC.

VENDEUR/EUSE

★☆

Un client satisfait reviendra ! À l'écoute du client, il informe et conseille celui-ci pour l'aider à faire le bon choix. Connaissant très bien ses articles, il cherche à les mettre en valeur. Il se charge de la préparation du magasin avant l'ouverture, du tri des marchandises, de l'étiquetage, de la mise en rayon et de la caisse.

Formation

CAP employé de commerce multi-spécialités, CAP employé de vente spécialisé. MC vendeur spécialisé en alimentation. Bac pro commerce ou bac pro vente. BTS MUC, BTS NRC, DUT TC.

★☆ *Accessible directement après ses études*
★★ *Accessible avec de l'expérience*

À DÉCOUVRIR !
ONISEP
ÉDITION 2015 2016
TOUTE L'INFO SUR LES MÉTIERS ET LES FORMATIONS | N°66
DOSSIER
Écoles de commerce
Les clés pour bien choisir
Formations en 3, 4 ou 5 ans
ZOOM SUR LES CONCOURS
150 FICHES ÉCOLES
ISBN 978-2-273-01251-5
9 782273 012515
NOVEMBRE 2015 · PRIX FRANCE & DOM-TOM : 9 €
onisep
Liberté · Égalité · Fraternité
RÉPUBLIQUE FRANÇAISE
MINISTÈRE DE L'ÉDUCATION NATIONALE, DE L'ENSEIGNEMENT SUPÉRIEUR ET DE LA RECHERCHE
9€
En vente sur www.onisep.fr/lalibrairie

ÉTUDES

QUELLES FORMATIONS POUR QUELS MÉTIERS ?

Pour rejoindre les professions du marketing, de la publicité et de la vente, les formations ne manquent pas : bacs pro, BTS, DUT, licences professionnelles, masters universitaires, diplômes d'écoles de commerce… Zoom sur les cursus adaptés aux différentes familles de métiers.

MARKETING

Les métiers du marketing requièrent pour la plupart un bac + 5. Pour accéder aux fonctions de chef de produit, responsable webmarketing ou chargé d'études, deux possibilités : l'université, où plus d'une centaine de masters sont spécialisés en marketing et vente puis en sous-spécialités (conseil, développement de produits, digital…) ; les écoles de commerce, qui offrent toutes la possibilité de se spécialiser en marketing en fin de cursus.
Un niveau bac + 3 peut permettre de s'insérer comme community manager : un BTS communication ou un DUT information-communication complété par une licence pro, par exemple.

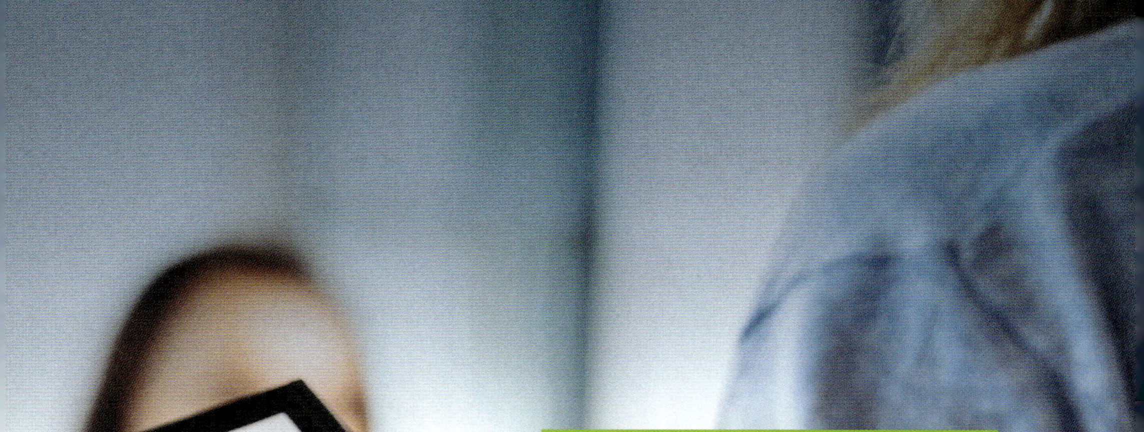

PUBLICITÉ

Le DUT information-communication option publicité, en 2 ans après le bac, est la formation de base aux métiers de la publicité. Mais, pour rejoindre ce secteur, les recruteurs exigent un niveau bac + 4 ou un bac + 5 : diplôme d'école de publicité ou de communication, master universitaire spécialisé en marketing ou en publicité, master d'école de commerce avec une spécialisation en marketing, voire diplôme d'IEP. Les créatifs (directeurs artistiques, graphistes) qui doivent se constituer un *book* sont généralement issus des écoles d'art ou de design graphique.

VENTE

Pour travailler dans la vente, l'offre de formations est très large : elle commence avec les bacs pro commerce et vente, qui peuvent ensuite être prolongés par un BTS management des unités commerciales (MUC) ou un BTS négociation et relation client (NRC). S'adressant plutôt à des bacheliers technologiques ou généraux, le BTS commerce international ou le DUT techniques de commercialisation donnent également un niveau bac + 2. Ces diplômes débouchent sur une large palette de métiers (commercial, technico-commercial, responsable de magasin...). Pour gagner en responsabilités ou se spécialiser, de nombreuses licences pro donnant un niveau bac + 3 préparent à des secteurs précis (agroalimentaire, sport...) ou à des métiers (manager de rayon, chargé de clientèle...).
Un bac + 5 (master d'université, école de commerce...) est utile pour ceux qui visent un poste de commercial dans une multinationale ou de cadre dans la grande distribution. À tous les niveaux, l'expérience du terrain est indispensable en plus du diplôme pour une meilleure insertion.

5 QUESTIONS AVANT DE SE LANCER

Dans le marketing, la publicité, le commerce ou la vente, on recherche des jeunes dynamiques et familiers des dernières tendances. Les points de repère pour construire son parcours.

Commerce, vente
Quelles différences ?

Si les deux termes paraissent interchangeables, vendeurs et commerciaux appartiennent pourtant à deux univers professionnels distincts, avec des filières de formation propres. Les vendeurs travaillent principalement dans des boutiques au contact des consommateurs, tandis que les commerciaux sont présents dans tous les secteurs d'activité. Si les postes de vendeurs sont accessibles avec un niveau bac (bac pro, *lire p. 74*) ou bac + 2 (BTS, *lire p. 77*), les fonctions commerciales exigent au minimum un bac + 2, un bac + 5 dans les très grandes entreprises.

Publicité, marketing
Quel niveau viser ?

Avec l'omniprésence d'Internet, qui a modifié en profondeur le comportement des consommateurs, les pros du marketing et de la publicité ont dû s'adapter. Les profils les plus recherchés sont les bac + 4 et + 5, à l'aise avec le Web et les réseaux sociaux. S'ils sont en outre capables de manipuler d'importantes données statistiques sur le comportement des clients *(data mining)*, c'est le *nec plus ultra* ! Cette place accordée aux *data* peut donc être un critère au moment de choisir une formation.

Expérience
Indispensable ?

Pour faire la différence auprès des recruteurs, la formation ne suffit pas toujours. Dans la publicité, le marketing ou la vente, la personnalité et les expériences comptent beaucoup. Il faut donc se construire un parcours qui témoigne d'une forte motivation pour ces secteurs et qui comporte un maximum de stages dans des structures variées. C'est même indispensable pour accéder à un premier emploi dans la publicité, par exemple. C'est aussi un moyen de se frotter aux réalités du terrain et de prendre connaissance des contraintes de ces domaines d'activité : stress, compétition, horaires à rallonge... En outre, dans la vente, comme dans toute activité au contact direct des personnes, l'aisance et l'efficacité relationnelle ne s'apprennent qu'avec l'expérience. Profiter de jobs d'été pour faire ses premières armes est une tactique qui peut porter ses fruits.

© OJO_IMAGES/ISTOCK.COM

École ou université
Comment choisir ?

De nombreuses filières d'études mènent au marketing et au commerce, autant à l'université qu'en écoles privées (en écoles de commerce principalement). Une diversité qui permet à chacun de construire un parcours d'études adapté à ses moyens financiers, à son niveau académique (entrée plus ou moins sélective) et à l'avancée de son projet professionnel (formation plus ou moins spécialisée). Par ailleurs, les passerelles sont nombreuses entre ces différentes filières *(lire les parcours d'études, pp. 98-101)*. De quoi élaborer sa stratégie pas à pas.

Apprentissage
Un bon choix ?

Assurément ! Parce qu'il permet de s'immerger dans le monde professionnel, ses méthodes de travail, ses délais et ses outils, l'apprentissage est un excellent moyen d'être en phase avec la réalité du terrain. Sous contrat de travail et intégré aux équipes, l'apprenti se voit confier des missions de plus grande envergure qu'en stage. Autre avantage : les frais de scolarité sont pris en charge par l'entreprise, et il perçoit une rémunération. Il est cependant indispensable de bien mesurer l'investissement nécessaire pour mener de front préparation du diplôme et vie professionnelle. Noter que c'est en bac pro, en BTS et en licence pro que l'apprentissage est le plus fréquent.

Langues étrangères
Anglais indispensable ?

À l'heure de la mondialisation, parler au minimum l'anglais, la langue des affaires, est un passeport indispensable pour travailler dans le marketing et la publicité. C'est également le cas dans de nombreux postes commerciaux. Dans la vente, pouvoir répondre à une clientèle étrangère élargira forcément le nombre des employeurs potentiels. Au moment de choisir un cursus, la possibilité d'effectuer des séjours d'études ou des stages à l'étranger est un critère à prendre en compte.

Un excellent niveau dans une 2e langue étrangère est nécessaire dans certains cursus.

QUELS BACS POUR QUELLES FORMATIONS ?

Différents parcours d'études permettent d'exercer dans le marketing, la publicité, le commerce ou la vente. Quelques exemples de cursus possibles selon son profil.

Après un bac pro

Les titulaires des deux principaux bacs pro du domaine (le bac pro commerce et le bac pro vente) sont de plus en plus nombreux à accéder à l'enseignement supérieur, principalement au BTS. Les titulaires du bac pro commerce s'inscrivent majoritairement en BTS management des unités commerciales (MUC) et ceux du bac pro vente en BTS négociation et relation client (NRC). La part des bacheliers pro augmente dans ces deux spécialités : en 2014, ils étaient 29 % en BTS MUC et 32 % en BTS NRC.

Trois lycées accueillent les meilleurs bacheliers pro en prépa économique et commerciale.

© PALI RAO/ISTOCK.COM

Après le bac STMG

Les bacheliers STMG sont tout à fait préparés à la plupart des cursus présentés dans les pages suivantes. Notamment les bacheliers qui ont choisi les spécialités « mercatique » (marketing) ou « communication » en terminale. Ils sont ainsi particulièrement bienvenus en BTS commerce international, MUC ou NRC, mais aussi en DUT techniques de commercialisation (TC). À l'université, les plus autonomes font leur chemin en licence de gestion ou d'administration économique et sociale (AES). Un certain nombre opte pour une école de commerce post-bac. Les meilleurs ont la possibilité d'entrer en classe préparatoire économique et commerciale option technologique (ECT). Cette option, qui n'accueille que des bacheliers STMG, les prépare en 2 ans aux concours de sélection des grandes écoles de commerce.

Après le bac ES

Comme les bacheliers STMG, les bacheliers ES ont un profil qui les prépare à intégrer la plupart des formations du domaine. Ils sont majoritaires dans les DUT TC et information-communication ; présents en nombre en BTS commerce international. À l'université, ce sont les plus nombreux à choisir les licences d'économie et gestion ou d'AES. Les excellents élèves peuvent choisir d'aller en prépa économique et commerciale option économique (ECE), dont le programme s'inscrit dans le prolongement de celui de terminale ES. Ils s'y entraîneront aux concours d'entrée des grandes écoles de commerce. Ils peuvent aussi opter pour une école de commerce post-bac en 3 ou 5 ans. Celles-ci recrutent toutes sur concours, plus ou moins sélectifs selon la renommée de l'école.

Après le bac S

Les titulaires du bac S sont également nombreux à choisir des parcours d'études en lien avec les domaines du marketing, de la publicité ou du commerce. On les retrouve principalement en écoles de commerce, qu'elles soient post-bac ou qu'elles recrutent après prépa. En effet, la troisième option de classe préparatoire économique et commerciale, l'option scientifique (ECS), leur est destinée. Ils sont même légèrement plus nombreux que les bacheliers ES à franchir après 2 années d'entraînement intense les sélections des *business schools*. À l'université, ils ont de sérieux atouts pour réussir en licence d'économie, qui comporte beaucoup de mathématiques (plus qu'en gestion).

Après le bac L

Les titulaires du bac L se dirigent majoritairement vers l'université. Ils sont assez nombreux en licence information-communication, où leurs capacités à s'exprimer, à disserter et à argumenter leur offrent des chances de réussite. Beaucoup de bacheliers L s'inscrivent en licence de langues étrangères appliquées (LEA), qui leur permet de continuer en master commerce international. D'autres optent pour le DUT information-communication où ils peuvent choisir l'option publicité. Les littéraires sont peu présents en BTS communication (11 %) et encore moins nombreux dans les BTS et DUT commerciaux. Cependant, certains rejoignent les écoles de commerce après une classe préparatoire littéraire. Ces dernières réservent désormais chaque année un quota de places aux littéraires les mieux classés au concours de la BEL (banque d'épreuves littéraires).

LES BACS PRO *à la loupe*

Après la 3e

→ 3 ans

Deux bacs professionnels permettent de se spécialiser dans le commerce ou dans la vente. Ils peuvent aussi constituer un tremplin vers un cursus plus long, en BTS principalement.

SURTOUT APRÈS LA 3E

Les classes de 2de professionnelle accueillent majoritairement des élèves issus de la 3e. Admission sur dossier après avis du conseil de classe. D'autres accès existent, notamment après un CAP. Une réorientation en bac pro est également possible pour les élèves de 2de générale et technologique, de 1re générale, STL ou STI2D : sur dossier et en fonction des capacités d'accueil.

DE LA CLASSE AU TERRAIN

À côté des matières générales (français, histoire-géo, maths, langues...), l'apprentissage des techniques professionnelles représente près de la moitié de l'emploi du temps, notamment sous la forme de projets collectifs. 22 semaines de stages sont réparties sur les 3 années.

COÛTS VARIABLES

Dans les lycées publics, la scolarité est gratuite (pour les externes). Mais dans les établissements privés – un tiers de l'offre pour les bacs pro commerce et vente – le coût peut être élevé (entre 400 et 1700 €). Selon les ressources de la famille, il est possible de demander une bourse d'État ou de bénéficier d'une bourse régionale.

Repère

Un accompagnement personnalisé est proposé tout au long du bac pro : aide individualisée, tutorat, soutien...

POURQUOI PAS L'APPRENTISSAGE ?

Les plus de 16 ans (dérogation possible) qui souhaitent travailler tout en se formant peuvent préparer le bac pro en apprentissage, sous statut salarié. Les cours généraux et technologiques sont dispensés au sein d'un centre de formation d'apprentis (CFA) ou d'une unité de formation par l'apprentissage (UFA) en lycée professionnel. La pratique professionnelle se fait en entreprise. Cette formule est exigeante, mais payante en termes d'insertion.

S'INSÉRER OU POURSUIVRE

Le bac pro permet l'accès direct à l'emploi. Des mentions complémentaires (MC), en 1 an, existent dans les domaines de la vente à distance ou spécialisée (alimentation). Une poursuite d'études en BTS est également possible, à condition d'avoir un bon niveau. Les bacheliers pro ayant obtenu une mention « bien » ou « très bien » sont admis de droit dans un BTS du même domaine.

Bac pro commerce

OÙ ?

Dans 965 établissements, dont 218 avec apprentissage.

AU PROGRAMME

Le bac pro commerce forme des vendeurs en magasin. En plus des matières générales, les élèves étudient l'économie, le droit, le marketing, la gestion commerciale et la communication. L'accent est mis sur le contact avec le client : comment l'accueillir, entendre ses besoins, l'informer mais aussi le fidéliser... Les élèves sont également formés à l'encaissement, à la promotion et à l'animation commerciale (par la mise en place des articles, par exemple). Autres points essentiels : la gestion des produits et du point de vente (approvisionnement, stock, suivi des commandes, gestion du rayon, prévention des risques...).

ET APRÈS ?

Vendeurs en magasin, responsables de point de vente, téléconseillers... Possibilité de poursuivre en BTS management des unités commerciales (MUC), voire négociation et relation client (NRC).

Bac pro vente (prospection, négociation, suivi de clientèle)

OÙ ?

Dans 407 établissements, dont 17 avec apprentissage.

AU PROGRAMME

Le bac pro vente forme des commerciaux. En plus des matières générales, les élèves étudient l'économie, le droit, le marketing... Le programme s'articule surtout autour de la prospection (recherche de nouveaux clients). Les élèves apprennent à repérer ces clients potentiels, à organiser des déplacements en vue de la présentation d'une offre, et se forment à la négociation. Sont étudiés également le suivi et la fidélisation de la clientèle : commande, livraison, paiement, relance...

ET APRÈS ?

Accès à des postes de commerciaux : attaché commercial, commercial itinérant... Possibilité de poursuivre en BTS technico-commercial (TC), en BTS négociation et relation client (NRC), voire en BTS management des unités commerciales (MUC). Autre possibilité : le DUT techniques de commercialisation (TC).

Retrouvez la liste des établissements qui proposent ces bacs pro sur www.onisep.fr.

→ D'autres diplômes

Bac pro artisanat et métiers d'art option marchandisage visuel

Ce bac pro s'adresse à des créatifs. Il permet d'accéder au métier d'étalagiste. L'objectif ? Valoriser les produits, optimiser les ventes en aménageant les vitrines, les rayons ou les boutiques. Au programme : arts appliqués (croquis, infographie, application de peinture, préparation d'une installation...).

Bac pro vente et bac pro commerce, quelles différences ?

Ces deux diplômes sont bien distincts. D'abord par les métiers auxquels ils préparent : tandis que le bac pro vente forme, paradoxalement, plutôt des commerciaux, le bac pro commerce conduit davantage à la vente en magasin. S'ils ont des points communs, les programmes n'ont pas la même visée. Le bac pro vente est centré sur la recherche de nouveaux clients (prospection) et peut se prolonger par un BTS négociation et relation client (NRC). De son côté, le bac pro commerce contient davantage de gestion, dans l'optique de former des responsables de rayon ou de boutique, ou d'être complété par un BTS management des unités commerciales (MUC)...
Mieux identifié par les jeunes en raison de ses débouchés, le bac pro commerce a donc des effectifs beaucoup plus importants que le bac pro vente.
Mais les convergences de débouchés et de poursuites d'études entre les deux bacs ne cessant de croître, une réforme est en cours. Elle devrait aboutir à la fusion des deux diplômes en un seul bac proposant deux options, à partir de la rentrée 2017.

Quelle insertion avec un bac pro ?

L'avis de Jean-Paul Cadet,

chargé d'études au Centre d'études et de recherches sur les qualifications (Céreq)

« Ces deux bacs pro permettent de s'insérer sur le marché du travail, avec des nuances. Le bac pro commerce est devenu le diplôme de référence pour la vente en magasin, et ses titulaires s'insèrent plutôt aisément et rapidement à des postes adaptés à leur formation. C'est moins le cas pour les titulaires du bac pro vente. Ces derniers peuvent encore trouver du travail dans une petite entreprise ou en tant que téléconseillers. Mais aujourd'hui, pour décrocher un autre poste, mieux vaut continuer jusqu'à un niveau bac + 2, voire bac + 3, si possible en alternance, car les recruteurs recherchent de plus en plus des commerciaux ayant ce profil. »

LES BTS *à la loupe*

Plusieurs BTS mènent aux métiers du commerce et de la vente, principalement les BTS management des unités commerciales (MUC) et négociation et relation client (NRC). Côté publicité, le BTS communication ouvre les portes des agences, à condition de poursuivre jusqu'à un bac + 3.

Après le bac

→ en 2 ans

PLANÈTE MÉTIERS

Objectif des brevets de technicien supérieur (BTS) : rendre les diplômés immédiatement opérationnels. Les enseignements pro occupent la moitié de l'emploi du temps en 1re année, les deux tiers en 2de année. S'y ajoutent jusqu'à 16 semaines de stages en entreprise. Le reste est consacré aux matières générales (français, langues, économie...). Certains établissements proposent la formation en apprentissage.

AMBIANCE LYCÉE

En section de techniciens supérieurs (STS), les étudiants retrouvent un cadre familier : le lycée le plus souvent, avec des classes de 30 élèves, une trentaine d'heures de cours par semaine et une présence obligatoire. Cours, travaux dirigés (TD), travaux pratiques (TP), devoirs et projets à rendre : le rythme de travail est soutenu. Si les frais de scolarité sont gratuits dans le public, ils peuvent être élevés dans certains établissements privés.

ADMISSION SUR DOSSIER

Les candidatures se font sur le portail APB. La sélection par les établissements repose sur les bulletins de 1re et de terminale et, parfois, des tests de niveau ou un oral. Une lettre de motivation jointe au dossier scolaire est fortement appréciée, d'autant plus si le BTS est très demandé. Les titulaires d'un bac technologique ou professionnel obtenu avec une mention « bien » ou « très bien » sont admis de droit dans une spécialité cohérente avec leur bac.

EXAMEN FINAL

Pour obtenir son BTS, il faut réussir un examen national en fin de 2de année, intégrant une part de contrôle continu. Un conseil : ne pas négliger les matières générales, qui comptent parfois autant que les disciplines professionnelles. Le BTS vaut 120 crédits européens (ECTS).

INSERTION OU POURSUITE D'ÉTUDES

Dans la vente, les entreprises sont demandeuses de diplômés à bac + 2. Cependant, de nombreux titulaires de BTS poursuivent leurs études, surtout en licence professionnelle, voire en licence générale en vue d'un master, en école de commerce ou en école spécialisée.

Repère

- Si les **BTS** accueillent en majorité des bacheliers technologiques, un quota de places est désormais réservé aux bacheliers professionnels.
- La durée de la formation peut être réduite pour les élèves ayant déjà entrepris des études supérieures (autre BTS, licence).

Quel BTS choisir ?

En commerce, les deux spécialités phare sont le **BTS management des unités commerciales (MUC)** et le **BTS négociation et relation client (NRC)**.
Ces diplômes offrent respectivement 12 000 et 7 400 places en 1re année.
Le premier cible la vente en magasin, mais peut déboucher sur une large palette de métiers (conseiller clientèle dans la banque, chef de rayon...). Le BTS négociation et relation client (NRC) forme davantage à la prospection commerciale, autrement dit à la recherche de nouveaux clients. Plus spécifique, le **BTS commerce international** (5 400 places) vise l'import-export. Moins connu, mais assurant une bonne insertion professionnelle, le **BTS technico-commercial** (2 300 places) donne accès au métier de vendeur spécialisé dans un domaine technique (domotique, matériel agricole, emballage...). Quant au **BTS communication** (3 700 places), il ouvre les portes des agences de communication bien sûr, mais aussi de publicité.

Quels profils ?

En BTS MUC et NRC, les bacheliers STMG sont majoritaires. Viennent ensuite les titulaires de bac pro (commerce et vente, principalement) : 29 % en BTS MUC ; 32 % en BTS NRC. C'est le BTS technico-commercial qui accueille le plus de bacheliers pro (42 %), en raison de la place donnée aux enseignements techniques. Pour intégrer ces formations, le goût du contact est indispensable : selon plusieurs enseignants, il arrive que certains élèves, un peu introvertis, s'y épanouissent. Autre nécessité pour le BTS MUC : être à l'aise avec les chiffres, car la gestion est très importante dans le programme.

Plus sélectif, le BTS commerce international exige d'avoir conservé deux langues vivantes en terminale.
En BTS communication, où des capacités rédactionnelles sont attendues, la part des bacheliers généraux est plus importante (33 %, contre 12 % en BTS MUC).

Continuer ses études après un BTS ?

Si le BTS prépare au monde du travail, de nombreux étudiants font néanmoins le choix de poursuivre leurs études, en réponse à l'élévation du niveau de qualification recherché dans plusieurs secteurs. C'est le cas dans la communication, mais aussi dans la banque, qui demande de plus en plus un bac + 3 ou + 4 pour ses postes commerciaux. La proportion d'étudiants qui continuent est cependant très variable d'un BTS à l'autre. Au lycée Choiseul de Tours, ils sont par exemple 90 % à continuer après le BTS commerce international. Principalement en licence pro, où ils ont l'embarras du choix : il en existe près de 400 en marketing, commerce ou communication. Autre possibilité : rejoindre les rangs d'une école de commerce (surtout pour les BTS commerciaux) ou d'une école de communication ou de publicité.

BTS communication

POUR QUI ?

Principalement des titulaires du bac STMG (27 %), du bac ES (19 %), de bacs pro (16 %), du bac L (11 %). Quelques bacheliers S (3 %).

OÙ ?

Dans 183 établissements, dont 16 avec apprentissage.

AU PROGRAMME

Les élèves apprennent à gérer un projet de communication de A à Z, depuis l'analyse de la commande du client (*brief* client) jusqu'à la vente de la proposition, en passant par l'élaboration du message et la réalisation (choix du support, de la maquette...). Au cours de la formation, chaque élève doit réaliser un « projet de communication » s'appuyant sur une commande réelle, formulée en stage. Présente dans tous les champs de la communication (achat d'espaces publicitaires, montage d'un projet de communication), la négociation commerciale occupe une part importante du cursus, car il faut être capable de négocier des tarifs avec des prestataires et d'optimiser un budget.

ET APRÈS ?

Accès à des postes d'acheteur d'espaces publicitaires, de chargé de communication interne, de chargé des relations publiques, de chef de publicité junior en agence, d'assistant marketing ou événementiel. Poursuite d'études possible en licence professionnelle de communication, en école de communication ou, plus rarement, en école de commerce.

Poursuivre après un BTS communication ?

L'avis d'Emmanuel Everaere,

responsable pédagogique de l'Isefac Bachelor (Lille)

« Les cours et les stages rendent les diplômés de BTS opérationnels. Mais les postes qu'on leur propose à la sortie sont plutôt dans l'exécution... Ils ne pourront pas participer à l'élaboration et à la mise en place d'une stratégie globale de communication pour une entreprise. De plus en plus, la clé minimale d'entrée sur le marché du travail est le niveau bac + 3. La plupart de nos étudiants de BTS poursuivent en bachelor, niveau qui ouvre vers d'autres possibilités de carrières et vers plus de responsabilités : chef de projet événementiel, responsable de la communication, attaché de presse ou chargé des relations publiques... »

BTS management des unités commerciales (MUC)

POUR QUI ?

Principalement des titulaires du bac STMG (39 %), de bacs pro (29 %) ou du bac ES (10 %). Quelques bacheliers S (1,5 %) et L (1 %).

OÙ ?

Dans 626 établissements, dont 152 avec apprentissage.

AU PROGRAMME

L'objectif est de permettre aux titulaires du BTS de diriger une équipe et de gérer une unité commerciale, c'est-à-dire un lieu où le client fait la démarche de venir pour acheter un produit ou un service (agence commerciale, magasin ou rayon d'une grande surface). En 1re année, les enseignements pro donnent la part belle aux techniques de vente à travers des cours de communication et de gestion de la relation commerciale : accueil du client, gestion de l'offre, des prix, service après-vente... La 2de année met l'accent sur le management et le développement par le marketing de l'unité commerciale : organiser l'équipe, gérer le budget, faire une étude de marché, évaluer les performances...

ET APRÈS ?

Vendeur généraliste ou spécialisé, chef de rayon, assistant d'un service après-vente, directeur adjoint de magasin, chargé de clientèle banque, gestionnaire de contrat d'assurance, conseiller voyage...

Poursuite d'études possible en licence pro commerce, distribution, vente..., en licence d'économie-gestion ou en école de vente ou de commerce.

BTS négociation et relation client (NRC)

POUR QUI ?

Principalement des titulaires du bac STMG (38 %), de bacs pro (32 %) ou du bac ES (8,5 %). Quelques bacheliers S (1,5 %) et L (1 %).

OÙ ?

Dans 459 établissements, dont 133 avec apprentissage.

AU PROGRAMME

Ce BTS forme à la vente sur le terrain et à la prospection commerciale pour tous types de produits, de services ou d'entreprises (industries, loisirs, banques...). L'étudiant découvre comment cibler et conquérir de nouveaux clients, qu'ils soient des professionnels (d'autres entreprises) ou des particuliers. Point commun : l'obligation de démarcher sur le terrain. Il faut donc préparer son argumentaire commercial en partant des besoins détectés chez le client, savoir présenter son produit et son entreprise. Les bases de la relation client sont abordées en 1re année : communication, négociation, obtention de nouveaux contrats, fidélisation... La 2de année porte davantage sur la gestion de projet et le management des équipes : évaluation de l'efficacité de l'action commerciale, planification et suivi de l'action...

ET APRÈS ?

Accès à des postes d'attaché commercial, de commercial itinérant ou encore de chargé de clientèle en banque, de gestionnaire de contrats d'assurance, de vendeur...

Poursuite d'études possible en licence pro, en école de commerce...

BTS commerce international (CI)

POUR QUI ?

Principalement des titulaires du bac STMG (31 %), du bac ES (25 %) ou de bacs pro (9 %). Quelques bacheliers L (6 %) et S (5 %). Deux langues en terminale exigées.

OÙ ?

Dans 220 établissements, dont 20 avec apprentissage.

AU PROGRAMME

Ce BTS forme des pros de l'import-export : en plus des enseignements généraux, deux langues vivantes sont obligatoires et au moins 4 semaines de stage se font à l'étranger. En 2de année, les cours de négociation commerciale sont donnés en langue étrangère (souvent en anglais). En parallèle, les élèves s'initient à la prospection de clientèle à l'international, mais aussi à l'étude et à la veille des marchés étrangers ainsi qu'au diagnostic export. Autre bloc : la gestion des opérations d'import-export. Autrement dit, l'apprentissage de tout ce qui recouvre, sur le plan pratique, le commerce avec l'étranger : la logistique, les douanes, les paiements à l'international… Particularité : plusieurs pays européens (Espagne, Grèce, Italie, Pays-Bas…) ont mis en place une formation similaire, avec référentiel commun, ce qui facilite les échanges.

ET APRÈS ?

Accès aux métiers d'assistant import-export, d'assistant commercial…

Poursuite d'études possible en licence pro import-export ou logistique, en licence LEA, économie-gestion, droit… ou en école de commerce.

BTS technico-commercial

POUR QUI ?

Principalement des titulaires de bac pro (42 %), de bac STMG (18 %) et STI2D (15 %).

OU?

Dans 153 établissements, dont 68 avec apprentissage.

AU PROGRAMME

Ce BTS se décline en une quinzaine de spécialités techniques qui vont de l'emballage au nautisme, en passant par le bois, l'énergie… La moitié des enseignements professionnels porte sur cette spécialité technique, l'autre moitié sur les aspects commerciaux : développement d'une clientèle, droit des affaires (rédiger un contrat), droit du travail, communication, management, économie.

ET APRES?

Accès aux métiers de technico-commercial.
Poursuites d'études possibles en licence professionnelle commerce ou distribution.

→ D'autres diplômes

Il existe également un **BTSA technico-commercial** axé sur les machines ou produits agricoles. Par ailleurs, deux BTS mènent aux métiers artistiques de la publicité : le **BTS design de communication espace et volume** et le **BTS design graphique** *(lire « Les métiers du design », collection Parcours).*

LES DUT à la loupe

Après le bac
→ en 2 ans

Tandis que le DUT techniques de commercialisation (TC) vise le secteur du commerce, le DUT information-communication (info-com) cible l'univers de la pub. Les deux servent de tremplin vers des études longues.

THÉORIE ET PRATIQUE

Plus polyvalent que les BTS, les diplômes universitaires de technologie (DUT) accordent autant de place à la théorie qu'à l'enseignement professionnel. La réalisation de projets et au moins 10 semaines de stages initient les étudiants au monde de l'entreprise. En 2de année, des enseignements préparent à la poursuite d'études ou à l'insertion professionnelle. Certains instituts universitaires de technologie (IUT) proposent la formation en apprentissage.

TRAVAIL ENCADRÉ

L'IUT offre les avantages de l'université (proximité avec la recherche, frais d'inscription de moins de 200 €...), tout en assurant un suivi pédagogique plus étroit. Les cours magistraux (CM) en amphi représentent moins du quart des quelque 30 heures de cours hebdomadaires. Le reste du temps est consacré à des travaux réalisés en petits groupes (travaux dirigés et pratiques, projets encadrés). Prévoir aussi beaucoup de travail personnel.

ACCÈS SÉLECTIF

Les candidatures se font sur le portail APB. Sont examinés le profil du bac, les résultats obtenus depuis la classe de 1re, les appréciations des enseignants et la lettre de motivation. Certains IUT organisent des entretiens ou des tests. Les titulaires d'un bac technologique obtenu avec une mention « bien » ou « très bien » sont admis de droit dans un DUT en cohérence avec leur série de bac.

CONTRÔLE CONTINU

Les connaissances sont évaluées grâce aux interrogations, aux exposés, aux projets et au mémoire professionnel qui jalonnent la formation. Pour obtenir le DUT, il faut valider 4 semestres, valant chacun 30 crédits européens (ECTS).

NOMBREUSES POURSUITES D'ÉTUDES

Malgré des débouchés souvent assurés, quatre diplômés sur cinq choisissent de continuer leurs études après le DUT. La plupart poursuivent à l'université, en licence pro ou en licence. D'autres rejoignent une école de commerce ou une école spécialisée (en communication, publicité, vente...).

Repère

Quelques IUT proposent une formation en 1 an, dite « année spéciale », pour les étudiants ayant déjà suivi 2 années d'enseignement supérieur.

À savoir

Des classes prépa adaptation technicien supérieur (ATS), en 1 an après un BTS ou un DUT, préparent les élèves très motivés à l'admission dans certaines écoles de commerce.

Quel DUT choisir ?

Le DUT techniques de commercialisation est le plus généraliste. Avec plus de 8800 places en 1re année, c'est aussi celui qui accueille le plus d'étudiants et permet de viser un large choix de métiers dans les services, la banque, l'industrie, le transport, l'immobilier...
D'autres DUT permettent, de façon moins directe, d'exercer des fonctions commerciales : le DUT gestion administrative et commerciale des organisations (GACO), qui mène à des postes d'assistant commercial ; le DUT gestion des entreprises et des administrations (GEA), qui prépare à des fonctions de responsable des achats ou d'attaché commercial en PME. Et le DUT statistique et informatique décisionnelle (STID), qui forme des statisticiens pouvant intéresser les services marketing.
En communication et publicité, c'est le DUT info-com qui est le plus pertinent.

Quels profils ?

Comme dans tous les DUT, l'entrée est sélective : dossier, lettre de motivation, voire plus... Ainsi, à Paris-Descartes, les candidats au DUT info-com option publicité doivent commenter une campagne qui leur plaît et décrire une rencontre avec un pro de la pub.
Les bacheliers généraux ont un net avantage. Près de la moitié des admis en DUT TC sont titulaires d'un bac ES. C'est également le cas en DUT info-com, qui nécessite de bonnes capacités rédactionnelles. Les bacheliers L y sont d'ailleurs nombreux (près d'un quart des admis). Les candidats issus d'un bac STMG ont leurs chances (33 % des admis en DUT TC et 14 % en DUT info-com).
Les bacheliers pro sont beaucoup plus rares (moins de 5 % des effectifs dans ces deux DUT).

Faut-il poursuivre ses études après un DUT ?

C'est l'intérêt du DUT : tout reste possible après. Sa dimension professionnalisante rend les jeunes diplômés directement opérationnels ; les « tech de co » et les « info-com » s'insèrent sans difficulté. Pourtant, en 2014, 87 % des diplômés du DUT TC et 83 % des titulaires du DUT info-com (toutes options confondues) ont choisi de continuer leurs études, et la tendance est à la hausse. Ce choix vise à obtenir de meilleurs postes et de meilleurs salaires. La plupart des « tech de co » et des « info-com » optent pour 3 années d'études supplémentaires à l'université (en IAE notamment), en école de commerce, de communication ou de publicité. D'autres font le choix d'une licence pro, en 1 an. Cette poursuite d'études n'a rien d'automatique. Tous ces cursus opèrent une sélection sur dossier et/ou examen et entretien.

DUT techniques de commercialisation (TC)

POUR QUI ?

Principalement des titulaires du bac ES (46 %), du bac STMG (33 %) ou du bac S (12 %). Quelques bacheliers pro (4 %) ou L (2 %).

OÙ ?

Dans 100 IUT, dont 44 avec apprentissage.

AU PROGRAMME

Ce DUT est généraliste. La 1re année se concentre sur les langues, le marketing, l'économie, le droit, les mathématiques-statistiques-probabilités. Mais aussi la négociation, l'organisation des entreprises ou la communication commerciale. La 2de année approfondit ce programme et ouvre sur le commerce international, la gestion, la logistique, le management et l'entrepreneuriat… Les étudiants apprennent à faire des études de marché, des études marketing et à mettre en œuvre des stratégies marketing ou de communication, ainsi qu'à maîtriser la relation client, l'animation d'un espace de vente ou les enjeux de l'e-commerce. Dans certains IUT, possibilité de passer 1 semestre à l'étranger.

ET APRÈS ?

Si le DUT permet d'accéder à des postes de commercial, de chargé de clientèle, d'assistant chef de rayon, d'assistant marketing, de technico-commercial, de commercial export… 87 % des diplômés font le choix de poursuivre leurs études : en licence (économie, gestion), en licence pro (banque, commerce, immobilier, marketing…), en école de commerce ou en école de vente.

DUT information-communication option publicité

POUR QUI ?

Principalement des titulaires du bac ES (46 %), du bac L (22 %) ou du bac STMG (14 %). Quelques bacheliers S (10 %), STD2A (3 %) ou pro (2 %).

OÙ ?

Dans 7 IUT.

AU PROGRAMME

Le but de l'option publicité ? Maîtriser toutes les étapes du processus publicitaire. Les cours propres à l'option portent sur les tendances publicitaires, le marketing, la communication, la création publicitaire, la conception-rédaction, la publication assistée par ordinateur (PAO), l'audiovisuel et le Web. Des modules sont consacrés au management, aux marques et aux relations avec les prestataires. Et, chaque année, les étudiants se mesurent lors d'un challenge inter-IUT durant lequel ils doivent élaborer un plan média (pour la marque Sopalin en 2015). Les cours communs aux quatre autres options de ce DUT (communication des organisations, information numérique dans les organisations, journalisme, métiers du livre et du patrimoine) portent sur l'économie, la gestion de projet, le droit, les outils numériques, la sociologie…

ET APRÈS ?

Si les diplômés accèdent à des postes de concepteur-rédacteur, d'assistant chef de pub et de média planner, la plupart poursuivent leurs études : en licence pro le plus souvent (pub, événementiel, e-commerce), ou en école de publicité.

LES LICENCES PRO *à la loupe*

Dans les domaines du commerce, du marketing et de la publicité, de nombreuses licences professionnelles permettent aux titulaires d'un bac + 2 d'affiner leur spécialisation ou d'acquérir une nouvelle compétence, tout en consolidant leur expérience.

UN ACCÈS SÉLECTIF

L'admission en licence pro se fait principalement sur dossier et, parfois, entretien. Certains profils de BTS, de DUT ou de L2 sont privilégiés selon les spécialités. Une attention particulière est portée à la connaissance du secteur et aux activités menées pendant ses études (projets, missions pour une entreprise, stages) ou en dehors du cursus (vie associative, jobs....). Il est souvent demandé de joindre au dossier une lettre expliquant son projet professionnel, en vue de l'entretien de motivation.

DES EFFECTIFS RÉDUITS

L'enseignement a lieu en institut universitaire de technologie (IUT), plus rarement dans une unité de formation et de recherche (UFR) d'économie et de gestion, ou de lettres, langues et sciences humaines, ou encore au sein de lycées. Les effectifs sont restreints : une trentaine d'étudiants par promotion.

FORMATION PROFESSIONNELLE

Point fort de cette formation : l'expérience professionnelle. Les étudiants effectuent 12 à 16 semaines de stage au sein d'une entreprise et réalisent un projet tutoré (organisation d'un événement, campagne de communication autour d'un événement sportif, par exemple), le plus souvent en groupe et en partenariat avec une entreprise. Les cours sont assurés conjointement par des enseignants et des professionnels. Certaines licences peuvent être préparées en contrat d'apprentissage.

OBJECTIF : INSERTION

En principe, la licence pro n'appelle pas de poursuite d'études : les étudiants sont opérationnels dès la sortie. Ils ont acquis un niveau bac + 3 et ont renforcé leur expérience professionnelle. La licence ne leur garantit ni un salaire plus élevé, ni des responsabilités plus importantes qu'un BTS ou un DMA. Elle favorise toutefois l'accès à l'emploi et les évolutions de carrière.

Repère

Les licences pro se déclinent en domaines et mentions correspondant aux emplois visés. Chaque université propose des parcours de formation adaptés aux besoins d'emploi locaux.

À savoir

Spécifiques à l'établissement qui délivre la formation, les programmes, modalités d'accès et débouchés varient d'une licence pro à l'autre.

Quelles licences professionnelles ?

Côté vente et marketing, l'offre est foisonnante. Un tiers des licences pro concerne la vente de produits ou services spécifiques (agroalimentaire, vin, articles de sport, jouets...).
Un autre tiers vise des fonctions spécifiques : marketing opérationnel, import-export, communication, e-commerce, webmarketing...
Le dernier tiers cible des métiers précis : chef de rayon, manager d'équipe, chargé de clientèle banque, technico-commercial sont les plus fréquents. Dans la publicité, seuls 4 établissements proposent une licence pro.

Quelle sélection ?

Elle peut être rude. Ainsi, pour la licence DistriSup de l'IAE de Dijon, proposée en apprentissage, les candidats passent par plusieurs étapes. Ils doivent d'abord soumettre un dossier rassemblant leurs relevés de notes (du bac et des 2 années post-bac) et un CV (stages, jobs d'été), mais aussi une lettre de motivation exposant notamment leur projet de carrière. Un premier tri s'effectue sur cette base – une attention particulière étant portée aux appréciations des professeurs. Les admissibles sont ensuite convoqués à une journée de « recrutement » pour des entretiens d'embauche avec les pros des enseignes partenaires, qui les accueilleront en alternance. Décrocher un contrat est la condition pour intégrer la formation. En 2015, sur les 142 dossiers valides reçus, seuls 28 apprentis ont été retenus.

La licence pro DistriSup

L'avis de Jean-François Notebaert,

responsable de la licence pro DistriSup management à l'IAE de Dijon

« Cette licence pro, proposée dans 19 établissements, donne tous les outils pour exercer le métier de manager de rayon dans la grande distribution. Nos étudiants sont souvent issus de BTS ou de DUT du domaine, mais pas tous ! Certains viennent de licence de droit, biologie, administration économique et sociale... Points communs : ils ont une expérience dans la grande distribution, sont motivés et mobiles géographiquement. Le programme, conçu au plus près des besoins des enseignes partenaires, permet d'approfondir différents savoirs, appliqués à la profession. Par exemple, les élèves étudient le droit des contrats et le droit de la consommation. Et la formule de l'alternance, incontournable, forme efficacement les jeunes : dès le mois de janvier, ils gèrent leur équipe sur le terrain. Ce qui permet un excellent taux d'insertion pour nos diplômés. »

LES LICENCES ET LES MASTERS *à la loupe*

Dès la licence, mais surtout en master, l'université propose de nombreux parcours en marketing, commerce et communication.

Après le bac
→ en 3 à 5 ans

UN PARCOURS EN DEUX TEMPS

Les études longues, à l'université, commencent par la licence (3 ans), généraliste. Pour développer leur compétence professionnelle, ses titulaires poursuivent le plus souvent en master (2 ans), ou rejoignent une école spécialisée. Ceux qui ne souhaitent pas aller jusqu'à un bac + 5 peuvent, après la 2e année de licence (L2), préparer une licence pro en 1 an.

BIEN CHOISIR SA FILIÈRE

Langues étrangères appliquées (LEA), économie et gestion... la mention de licence visée correspond-elle à son profil et à son projet ? Il est indispensable de prendre l'avis d'enseignants lors des journées portes ouvertes (JPO) ou *via* le dispositif d'orientation active proposé par le portail d'inscription APB. Car, si la plupart des licences sont ouvertes à tout bachelier, selon les domaines, certaines séries de bac sont plus adaptées.

UNE SPÉCIALISATION PROGRESSIVE

Assurant la transition entre le lycée et l'université, le programme de L1 est pluridisciplinaire. Ce qui facilite au besoin les changements de cap. Les 2 années suivantes (L2 et L3) se chargent d'approfondir les bases acquises en L1. Amorcée en L3 par un choix de parcours, la spécialisation prend effet au cours des 2 années de master. *À noter :* un stage ou un cursus alternant cours et emploi renforce la professionnalisation.

UNE LIBERTÉ À SURVEILLER

Au début, les étudiants auront peut-être l'impression que le rythme est moins intensif qu'au lycée. Pourtant, revoir ses cours, les enrichir par des recherches personnelles, préparer les travaux dirigés (TD)... exige un investissement important. Le tutorat proposé par des étudiants plus avancés, les séances de soutien assurées par les enseignants et les bilans d'étape... autant d'opportunités à saisir pour réussir.

Repère

L1, L2, L3 : les 3 années de licence. Accès direct en L2 ou L3 selon son profil. Après un DUT ou une classe prépa, par exemple.

M1, M2 : les 2 années de master. Accès de droit en M1 avec une licence compatible, sinon sur dossier ; accès sélectif en M2.

Info@

www.onisep.fr/organisation_licence Pour découvrir les 3 années de licence.

www.onisep.fr/reussir_licence Conseils pour franchir le cap de la 1re année à l'université.

Quelles licences choisir ?

Il n'existe pas de licences en marketing, en publicité ou en vente directement accessibles après le bac. Il faut commencer par des formations plus généralistes. Pour ceux qui souhaitent se diriger vers le commerce ou le marketing, plusieurs licences sont recommandées : économie, gestion, économie et gestion, langues étrangères appliquées (LEA) ou encore administration économique et sociale (AES). Pour ceux qui souhaitent s'orienter vers la communication et la publicité, c'est la licence en information-communication qui est conseillée.

Économie, gestion, économie et gestion, quelles différences ?

Ces trois mentions de licence ne sont pas équivalentes. La licence d'économie, très matheuse, s'adresse à des étudiants prêts à passer des heures sur des séries statistiques. La licence d'économie et gestion, plus répandue, est aussi plus accessible. Elle peut convenir à de grands débutants en sciences économiques et sociales, et permet de choisir en 3e année entre des spécialisations relevant de l'économie ou de la gestion.
Très appliquée, la licence de gestion est tournée vers le monde professionnel et commence souvent en L3 (après une L2 d'économie et gestion, un BTS, un DUT...).

Quand se spécialiser ?

Dans certaines licences, des parcours donnent la possibilité d'une spécialisation progressive. Des parcours en marketing, commerce et communication, par exemple, permettent de cibler certains masters. Ils sont généralement accessibles à partir de la 3e année de licence (L3), mais certaines universités les proposent dès la 1re année (L1) ou la 2e (L2). À Évry, la licence d'économie et gestion ne propose un parcours marketing qu'en L3, alors qu'à l'université de Bretagne-Sud, cette spécialisation s'opère sur les 3 années de licence.

Pourquoi pas un IAE ?

Au sein des universités, les instituts d'administration des entreprises (IAE), encore appelés écoles universitaires de management, constituent une véritable alternative aux écoles de commerce, avec des coûts de scolarité qui restent ceux de l'université (184 € en licence, 256 € en master en 2015-2016). L'accès y est très sélectif : les IAE recrutent leurs étudiants sur tests (Score IAE-Message*), dossier et entretien. Les cursus offerts vont le plus souvent de la 3e année de licence (L3) au master, mais commencent parfois dès la L1 ou ne concernent que les années de master. Il existe 32 IAE, offrant de nombreuses spécialisations en marketing, vente ou commerce.

---

* Le test Score IAE-Message est utilisé par de nombreuses formations universitaires en gestion et management, dont les IAE. Il consiste en une série de questions de culture générale, compréhension et expression écrite en français, raisonnement logique et numérique, compréhension et expression écrite en anglais.

Quels masters ?

On compte plus de 180 masters mention marketing-vente délivrés par les universités. Souvent rattachés aux UFR de droit, économie, gestion, ces masters sont ensuite déclinés en spécialités : *business to business* à Lyon 3 ; produits innovants à Aix-Marseille ; communication des entreprises à Panthéon-Assas ; marketing international à Rennes 2. De nombreux IAE proposent également des masters en marketing, communication ou vente. On peut citer les masters commercialisation des produits de grande consommation à l'IAE de Lyon ; marketing quantitatif à l'IAE de Grenoble ; management de la communication d'entreprise à l'IAE d'Aix.

Quelle sélection en master ?

Les masters en marketing sont très prisés, avec 200 à 300 candidatures pour 30 places. Les profils des postulants sont variés. Certains viennent de licences (gestion, économie et gestion…), d'autres d'écoles de commerce. Pour ces derniers, les responsables de formation privilégient les diplômes reconnus. La sélection s'effectue après étude du dossier et entretien de motivation. *« On demande une réflexion à nos étudiants »*, explique Michel Gentric, responsable du master marketing-vente à l'université de Bretagne-Sud. *« Il ne faut pas forcément s'être spécialisé tôt, mais il doit y avoir une logique dans le parcours. Le choix du master se construit à partir du bac + 3. »*

IAE : quels avantages ?

L'avis de Virginie de Barnier,

directrice de l'IAE d'Aix-en-Provence (13)

« Aujourd'hui, les entreprises recrutent volontiers des diplômés d'institut d'administration des entreprises (IAE), car elles trouvent que nos étudiants sont plus autonomes et moins formatés que ceux des écoles de commerce. Nous n'avons pas plus de 30 élèves par classe. Contrairement à la plupart des écoles de commerce, qui jouent sur la taille et qui ont des promotions de 150 à 200 élèves. Grâce à ces petits effectifs, les profs connaissent tous les élèves et peuvent offrir un suivi personnalisé. Nous misons également sur l'international. Près de 50 % des cours sont en anglais et nos élèves doivent tous avoir effectué un séjour à l'étranger (avant ou après avoir intégré l'IAE). L'IAE est très professionnalisant et nous avons de bons taux d'insertion. Environ 93 % de nos étudiants trouvent un emploi dans les 6 mois qui suivent l'obtention du diplôme. »

LES ÉCOLES DE COMMERCE *à la loupe*

Après le bac

→ en 3, 4 ou 5 ans

Après un bac + 2

→ en 3 ans

Voie d'accès à certains métiers du marketing, de la vente et de la communication, les écoles de commerce sont diverses par leur niveau d'entrée, la durée de leur formation et leur... réputation.

APRÈS LE BAC

En 3, 4 ou 5 ans, ces écoles s'adressent en priorité aux bacheliers ES, S et STMG. Elles sont accessibles sur concours. Les écrits (QCM de logique, d'anglais, résumé de texte) ont lieu avant ceux du bac. S'ils ne nécessitent pas de révisions particulières, ils supposent d'avoir fait les démarches d'inscription à temps.

APRÈS UN BAC+2

Conduisant au niveau master, ces écoles sont accessibles après une classe prépa aux grandes écoles (CPGE) économique et commerciale (moins de la moitié des élèves), ou après un bac + 2 (DUT, BTS ou L2), un bac + 3 ou un bac + 4 *via* les admissions parallèles. Les concours des admissions parallèles ressemblent aux concours post-bac, tandis que les épreuves post-prépa font appel aux connaissances accumulées pendant les 2 années de prépa et exigent un bon niveau en maths.

PLUS OU MOINS RECONNUES

Avec un coût moyen de 9 000 € par an, une école de commerce ne se choisit pas au hasard. Quelques labels distinguent les formations sérieuses: la reconnaissance de l'établissement par l'État, le visa du diplôme par le ministère chargé de l'Enseignement supérieur, le grade de master pour les formations menant à un bac + 5.

PLUS OU MOINS SPÉCIALISÉES

Comptabilité, marketing, communication, contrôle de gestion, droit des affaires, ressources humaines: les premières années, généralistes, abordent tous ces domaines et couvrent l'ensemble des fonctions de l'entreprise. Des spécialisations, plus ou moins marquées selon les écoles, interviennent en fin de parcours. Stages, travaux de groupe, interventions de professionnels... la pratique occupe toujours une place de choix. Autres spécificités de ces cursus: la vie associative et l'ouverture à l'international. Tous les élèves partent au moins 1 semestre à l'étranger, pour un échange universitaire ou un stage en entreprise.

Repère

Prépas économiques et commerciales. En 2 ans après le bac, elles se déclinent en trois options: économique (ECE) pour les bacheliers ES, scientifique (ECS) pour les bacheliers S et technologique (ECT) pour les bacheliers STMG.

Info@

www.onisep.fr/ecoles_commerce
Pour bien choisir son école.

www.onisep.fr/classes_prepa
Sur le fonctionnement des prépas.

Objectif bac + 5 ?

Dans le marketing et la publicité, la plupart des métiers nécessitent un bac + 5. S'orienter vers ces secteurs est donc synonyme d'études longues. « *Les entreprises sont très sélectives, car elles reçoivent beaucoup de demandes. Elles ont le choix et privilégient donc les titulaires de diplômes de niveau bac + 5* », explique François Laurent, président de l'Adetem. Dans la vente ou les métiers commerciaux, la situation est plus nuancée. Des débouchés existent à bac + 3, même si, là aussi, la tendance est à l'élévation du niveau de diplôme.

L'international, un plus ?

Impossible de travailler dans le marketing, sans être au minimum bilingue. La plupart des écoles de commerce, et c'est un de leurs atouts, permettent à l'ensemble de leurs élèves de partir au moins 1 semestre à l'étranger, en échange universitaire ou en stage. Une expérience très enrichissante pour les étudiants, qui ont ainsi la possibilité de consolider leur maîtrise des langues étrangères et de se confronter à d'autres cultures. Et, en dehors de ces séjours, de nombreux cours sont dispensés en anglais, particulièrement dans les domaines du marketing et du commerce. Ainsi, l'ICD propose, dans le cadre de son programme grande école, une spécialisation en marketing-management entièrement en anglais.

École de commerce : quels avantages ?

L'avis de Romain Zerbib,

professeur de marketing à l'ICD Paris (75)

« À l'ICD, nos trois points forts sont l'international, l'intervention d'experts de qualité et notre réseau d'anciens. Tous nos étudiants partent à l'étranger. Par ailleurs, en plus d'enseignants spécialisés, ils bénéficient de l'expérience de responsables et de conseillers en marketing. Enfin, le réseau des anciens est central. C'est le fruit d'un travail qui s'étale sur plusieurs années. Et c'est ce qui nous distingue de l'université. Plus un secteur est concurrentiel, plus le réseau des anciens est important. C'est le cas dans le marketing, où les postes sont très convoités. Lorsque nos étudiants recherchent un stage ou un emploi, ils ont une réserve de contacts susceptibles de privilégier leurs profils parmi nos anciens qui connaissent l'école et ses enseignements. »

LES ÉCOLES DE PUBLICITÉ *à la loupe*

Après le bac

→ *en 3, 4 ou 5 ans*

Parmi les écoles privées spécialisées en publicité ou en communication, rares sont celles qu'on peut intégrer directement après le bac. Panorama de l'offre.

PRIVÉES, DONC PAYANTES

Une dizaine d'écoles de publicité ou de communication proposent des formations reconnues par la profession. La plus ancienne, l'École supérieure de publicité (ESP ou Espub), a été créée en 1927. Sa concurrente, l'Efap (École des nouveaux métiers de la communication), a ouvert ses portes en 1961. Citons encore l'Institut supérieur de communication et de publicité (Iscom), qui possède sept campus (à Lille, Lyon, Montpellier, Paris, Rouen, Strasbourg et Toulouse). Toutes sont payantes (jusqu'à 8 000 € par an).

EN LIEN AVEC UNE ÉCOLE DE COMMERCE

Certaines ont été créées dans le giron d'une école de commerce. C'est le cas de Sup de Pub, qui dépend de l'Inseec, de Sup de Création, qui fait partie de Skema, de Sciences Com, qui appartient au groupe Audencia, ou encore de Sup de Com, née au sein du groupe Idrac. Fonctionnant de manière indépendante, ces écoles bénéficient toutefois de la renommée de l'école de commerce de rattachement et de certains de ses enseignants. Sans oublier le réseau des anciens élèves, précieux pour l'insertion.

DIVERS NIVEAUX D'ENTRÉE

Les cursus proposés sont de durée et de niveau d'accès divers *(lire le détail dans le Carnet d'adresses, p. 133)*. Mais rares sont celles qui intègrent directement avec le bac. L'entrée est sélective. À l'Iscom par exemple, des tests contrôlent le niveau de culture générale, la maîtrise du français et la créativité des candidats. Avoir fait des stages dans la pub ou la communication et maîtriser l'anglais sont des atouts de taille.

DES FORMATIONS PROFESSIONNALISANTES

Création publicitaire, communication des entreprises et des marques, événementiel, création et stratégie numériques… les spécialisations sont pointues. La place accordée aux langues est essentielle. Dès les premières années, certains cours - parfois même tous - sont donnés en anglais. De nombreux stages permettent de se familiariser avec les réalités du monde professionnel. Enfin, beaucoup d'écoles (l'Iscom, Sup de Pub…) proposent la dernière année en apprentissage.

Quels critères pour repérer une école sérieuse ?

- Sa notoriété et son ancienneté ;
- la qualité de l'insertion (pour s'en assurer, ne pas hésiter à contacter les anciens élèves) ;
- les partenariats noués avec les entreprises du secteur ;
- son rattachement à un groupe reconnu ;
- l'enregistrement de son diplôme au Répertoire national des certifications professionnelles (RNCP).

Quels métiers à la sortie ?

Chaque école a ses spécificités. L'Efap et l'ISTC sont davantage orientées vers la communication. Elles préparent leurs diplômés à devenir attaché de presse, chargé ou responsable de communication. De son côté, Sup de Création ne forme qu'aux métiers de la création publicitaire : concepteur-rédacteur, concepteur en communication visuelle.
Dautres établissements se veulent pluridisciplinaires et proposent un large éventail de débouchés. C'est le cas, entre autres, de l'Iscom et de Sup de Pub, qui forment leurs étudiants aussi bien aux métiers de la communication qu'à ceux de la publicité, du marketing ou du digital. À Sup de Pub *(voir le témoignage ci-contre)*, une vingtaine de spécialisations sont offertes en dernière année.

École de pub : quels avantages ?

L'avis de Philippe Cattelat,

directeur de Sup de Pub

« La pub est un petit milieu, assez fermé, dans lequel il est difficile de s'insérer si on n'est pas opérationnel. Les compétitions organisées dans nos promotions permettent aux élèves de se mettre très tôt en situation professionnelle. Récemment, ils ont dû réaliser une campagne digitale pour une agence. Le but ? Annoncer l'ouverture d'un club de running Nike à Bordeaux. Ils avaient 2 semaines pour créer un concept, qu'ils ont ensuite présenté à un jury de professionnels. Impossible également de s'insérer dans la pub sans réseau ! Grâce à nos anciens élèves et aux stages en agences, nombreux dans le cursus, nos étudiants s'en créent un. Et ils peuvent se spécialiser tôt dans un métier précis : dans la statégie (média planner), la créativité (concepteur-rédacteur, DA...) ou le commercial (chef de publicité...). Ils se constituent aussi leur carnet d'adresses grâce à nos enseignants, qui sont à 90 % des professionnels exerçant dans de grandes agences. »

LES ÉCOLES DE VENTE *à la loupe*

Sans le bac

→ en 1 an

Après le bac

→ en 1 ou 2 ans

Après un bac + 1 ou un bac + 2

→ en 1 an

Parmi les écoles préparant spécifiquement à la vente ou à la gestion d'un point de vente, une trentaine, appartenant au réseau Negoventis, propose des formations courtes avec différents niveaux d'accès.

DES TITRES ENREGISTRÉS AU RNCP

Les écoles du réseau Negoventis sont toutes rattachées à une chambre de commerce et d'industrie (CCI). Les huit cycles de formation proposés sont enregistrés au Répertoire national des certifications professionnelles (RNCP), qui atteste du niveau de qualification atteint à la sortie : niveau IV (bac), III (bac + 2) ou II (bac + 3, bac + 4).

SE FORMER À UN MÉTIER

Six de ces titres préparent à un métier de la vente et du commerce. Les cours sont dispensés par des professionnels et, excepté l'anglais, peu d'heures sont consacrées aux matières générales. Ils peuvent être suivis en apprentissage ou en contrat de professionnalisation. Les frais de scolarité sont alors pris en charge par l'employeur. Autre atout : des promotions réduites (10 à 20 élèves). En fonction des besoins locaux, certains établissements donnent une orientation secteur : au Mans, le titre de gestionnaire d'unité commerciale est proposé avec une spécialité automobile.

DES FORMATIONS COURTES

L'accès se fait sur dossier scolaire et lettre de motivation, puis tests, entretien de motivation, voire mise en situation. Donnant un niveau bac, le titre de vendeur-conseiller commercial (en 1 an) accueille les non-bacheliers. Le titre de gestionnaire d'unité commerciale (en 2 ans, donnant un niveau bac + 2) exige le bac. Le titre d'attaché commercial (en 1 an, donnant un niveau bac + 2) s'adresse à des bac + 1. Les titulaires d'un bac + 2 peuvent viser les titres de responsable de développement commercial, de responsable manager de la distribution ou de responsable en commerce international (niveau bac + 3 ou bac + 4, en 1 an).

À savoir

Negoventis propose aussi deux formations spécialisées dans l'hôtellerie-restauration.

OBJECTIF EMPLOI

Ces formations visent l'insertion professionnelle. Les poursuites d'études sont rares. Toutefois, certains titulaires du titre d'attaché commercial essaient d'obtenir le titre de responsable de développement commercial.

Responsable de développement commercial

POUR QUI ?

Des titulaires d'un bac + 2 (BTS MUC, BTS NRC et titre Negoventis d'attaché commercial, principalement). Sélection sur dossier, tests (culture générale, logique mathématique), mise en situation, puis entretien de motivation.

OÙ ?

Dans 33 établissements, dont 25 avec apprentissage.

AU PROGRAMME

L'objectif de cette formation en 1 an, reconnue à un niveau bac + 3/+4, est de former des responsables commerciaux. Les élèves apprennent donc à contribuer à l'élaboration de la stratégie commerciale d'une entreprise, à négocier une vente, à gérer le développement commercial d'une activité et à encadrer une équipe. Les axes forts ? L'adaptation à son client (entreprise ou particulier), la conception d'offres commerciales innovantes, la conduite d'une négociation en langue étrangère (souvent l'anglais), la gestion financière d'une activité commerciale et la communication avec l'équipe de travail, notamment à travers des jeux de rôle de négociation.

ET APRÈS ?

Accès à des postes de technico-commercial, d'attaché commercial ou de commercial. Poursuite d'études vers le titre de responsable en commerce international de Negoventis, par exemple.

Quelle différence avec un bac + 2 du secteur ?

L'avis de Caroline Verdon,

conseillère entreprises et carrières, Campus Inisup, CCI de Corrèze (19)

« Avec cette formation de responsable de développement commercial, les titulaires d'un BTS MUC ou NRC perfectionnent leur savoir-faire. Il n'y a pas de redites, c'est une montée en compétences. Ils approfondissent, par exemple, leurs techniques de vente : comment capter de nouveaux clients et les fidéliser, mettre en œuvre des actions commerciales et les quantifier grâce à des tableaux de suivi. On leur apprend à s'adapter à chaque client, pour optimiser le chiffre d'affaires. Par ailleurs, la pédagogie est très appliquée.
En BTS, ils acquièrent des notions en marketing et stratégie commerciale. Chez nous, ils apprennent à les mettre en œuvre concrètement, notamment au travers d'études de cas proposées par les intervenants, qui sont également des professionnels de la vente. Quant à nos élèves alternants, ils peuvent mettre en pratique ces notions au sein de leur entreprise. »

PARCOURS D'ÉTUDES

À chacun son chemin

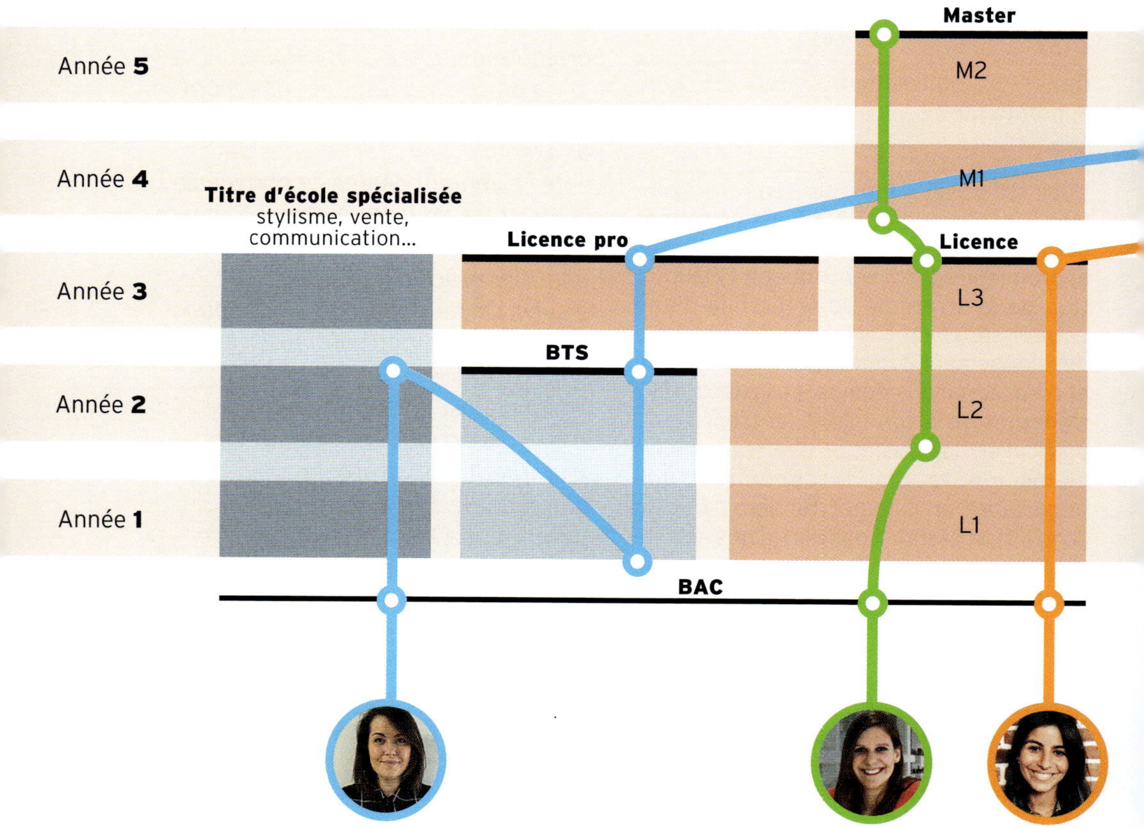

Claire Palczynski
du bac ES à un diplôme d'école de commerce
→ p. 98

Émilie Péru
du bac S au master en IAE
→ p. 100

Gloria Amzallaq
du bac S à un diplôme d'éc[ole] de communication
→ p. 99

Lexique

BTS : brevet de technicien supérieur

DUT : diplôme universitaire de technologie

L : licence

M : master

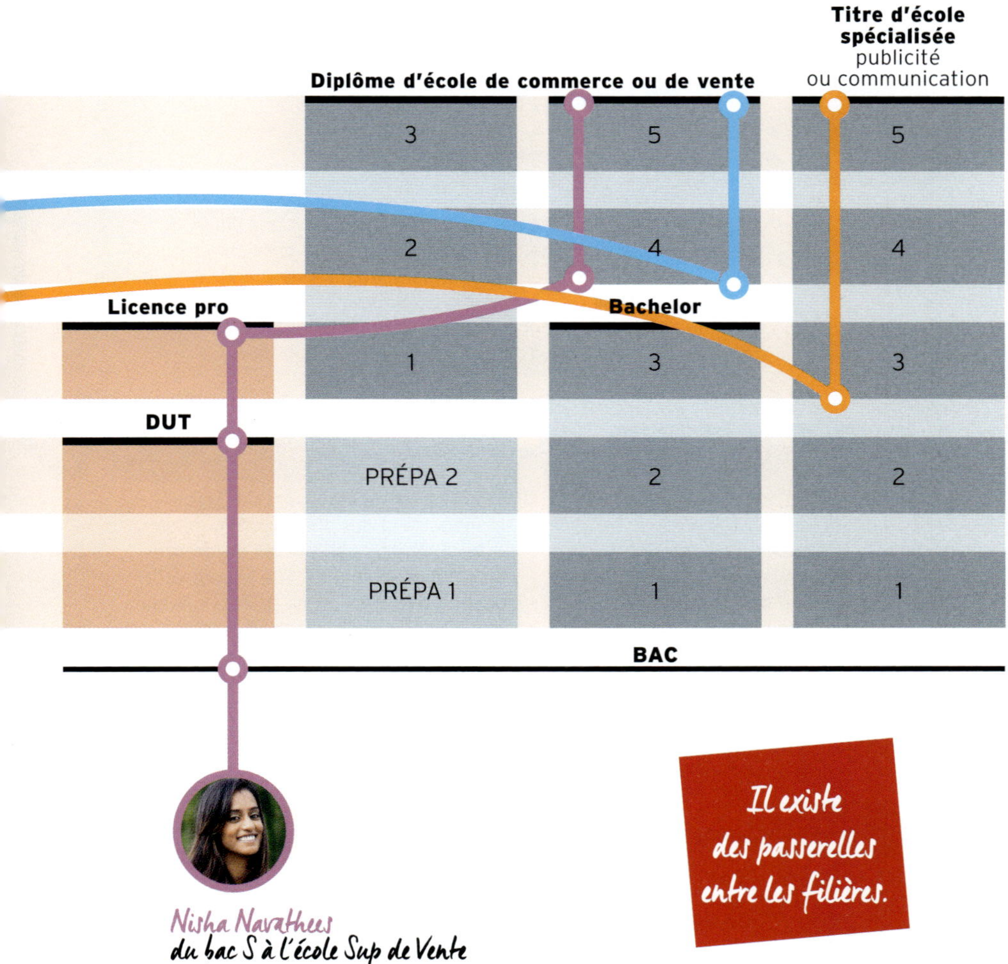

Nisha Navathees
du bac S à l'école Sup de Vente
→ p. 101

Il existe des passerelles entre les filières.

Légende

Université | Lycée | École | **Diplôme**

VERS UNE ÉCOLE DE COMMERCE

« *Ma dernière année en alternance m'a permis de faire mes preuves.* »

Claire Palczynski, 32 ans

1 ÉCOLE DE STYLISME

Après un bac ES, Claire décide de s'inscrire dans une école de stylisme et de modélisme. « *J'ai toujours été passionnée par le prêt-à-porter et la mode.* » Cependant, au bout de 2 ans de formation, elle choisit de se réorienter, afin de devenir chef de produit. « *Il me manquait les compétences marketing (maniement des chiffres, construction du produit...).* »

2 RÉORIENTATION

Claire se dirige alors vers un BTS management des unités commerciales. « *Je souhaitais aborder les différentes facettes de la vente.* » Elle le complète ensuite par une licence professionnelle achat et commercialisation de biens en B to B. « *Cette licence m'apportait le volet négociation et achats entre entreprises. Des compétences nécessaires pour être chef de produit.* »

3 ÉCOLE DE COMMERCE

Devenir chef de produit nécessitant un bac+5, Claire choisit d'intégrer une école de commerce spécialisée en marketing. « *J'ai choisi un établissement qui proposait une spécialisation chef de produit.* » Elle franchit les différentes étapes de sélection avec succès: dossier de candidature, tests écrits (QCM d'actualité, d'anglais, de pratique professionnelle) et entretien (présentation de son projet professionnel).

4 ALTERNANCE

Elle effectue sa dernière année en alternance, en tant qu'assistante chef de produit, chez Kiabi. « *Cette 5e année m'a permis d'avoir un pied dans l'entreprise et dans le processus de développement des produits. Je m'occupais de T-shirts et de pulls homme. Elle m'a aussi permis de faire mes preuves.* »

Embauchée par Kiabi dès l'obtention de son diplôme, Claire est aujourd'hui cheffe de produit pour la gamme chaussures. « *Mon métier me passionne* », résume-t-elle.

VERS UNE ÉCOLE DE COMMUNICATION

Retrouvez le témoignage de Gloria sur son métier p. 36.

« Les stages ont été très utiles pour me rendre opérationnelle. »
Gloria Amzallag, 25 ans

1 FAN DE PUB

« J'ai toujours été fascinée par l'impact que peut avoir un simple spot publicitaire sur le comportement des consommateurs. » Son bac S en poche, Gloria envisage de s'inscrire en école de communication ou de publicité. Mais ses parents sont réticents. *« Ce cursus trop spécialisé leur faisait peur. Ils pensaient aussi que la pub était un milieu bouché. »*

2 LICENCE DE SOCIOLOGIE

Gloria s'inscrit donc en licence de sociologie. *« Pour exercer dans la pub, il faut observer et analyser les comportements humains, afin de pouvoir adapter son discours. C'est précisément l'objet de la sociologie ! Ce choix de cursus m'a donc paru cohérent avec mon projet professionnel. »*

3 ÉCOLE DE COMMUNICATION

Gloria est attirée par les métiers commerciaux *« en lien à la fois avec les annonceurs et les créatifs »*. Elle décide d'intégrer l'Iscom en 3e année, dans la spécialité marketing et communication. *« Je savais qu'il y avait, à partir de la 4e année, autant de stages que de cours. »*

4 STAGES ET « DÉCLIC MÉTIER »

En 5e année, elle fait son stage de fin d'études comme assistante cheffe de pub dans une petite agence. *« J'ai choisi une structure à taille humaine pour mettre le plus possible la main à la pâte. Et j'ai rapidement fait mes preuves ! Les stages m'ont rendue opérationnelle. »* Un poste de chef de pub se libère. Et c'est à elle qu'on le propose !

Gloria travaille en CDI, dans la même agence, depuis 2 ans. Parmi ses clients, des institutions comme la Sécurité routière, la chambre de métiers et de l'artisanat...

VERS UN MASTER EN IAE

« Une fois diplômée, j'ai eu l'embarras du choix. »

Émilie Péru, 28 ans

1 MÉDECINE

Après son bac S, Émilie s'inscrit en médecine, mais échoue deux fois en 1re année. Elle se réoriente en 2e année de licence de biologie. Mais sans grande conviction. *« La bio n'était pas ma passion. »* C'est en discutant avec des étudiants d'écoles de commerce qu'elle découvre ces formations ainsi que leur équivalent universitaire, les instituts d'administration des entreprises (IAE) : *« Le marketing m'a tout de suite attirée. »*

2 RÉORIENTATION

Elle candidate à plusieurs écoles de commerce et à l'IAE d'Aix-en-Provence. *« Je me suis renseignée sur les concours et je me suis préparée au Tage-Mage*. »* Reçue dans plusieurs écoles, elle choisit finalement l'IAE. *« L'IAE était très renommé tout en étant beaucoup moins cher qu'une école de commerce. Et il me permettait de partir à l'étranger, via le parcours international. »*

* Tage-Mage : test d'aptitude aux études de gestion.

3 IAE

Émilie intègre un master 1 en management. *« Nous avions des cours en marketing, ressources humaines, finance… »* Elle effectue son 2e semestre à Bangkok, dans une université partenaire. *« Tous les cours étaient en anglais. Ce fut très formateur car les langues sont essentielles dans le marketing. »* Après son M1, elle fait une année de césure. D'abord comme assistante chargée d'études dans une agence, puis comme assistante chef de produit pour une marque de cosmétiques. *« Le marketing étant très concurrentiel, faire plusieurs stages donne un sérieux avantage. »*

4 SPÉCIALISATION EN MARKETING

En master 2, elle se spécialise en *brand management* (gestion des marques). Elle achève sa formation par 6 mois de stage comme assistante cheffe de produit pour une marque de machines à café. *« À l'IAE, j'ai reçu tous les outils qu'il me fallait pour démarrer. Pour mon stage, j'ai eu l'embarras du choix. »*

Aujourd'hui, Émilie est responsable marketing dans la branche restauration hors foyer du groupe Unilever.

VERS UNE ÉCOLE DE VENTE

« À chaque étape, j'ai pu monter en compétences. »
Nisha Navathees, 23 ans

1 BAC S

Au lycée, ses profs la disent douée pour la négociation. Elle se renseigne sur les différents diplômes et métiers... et se décide pour la vente. Elle vise un niveau master, mais renonce à intégrer une école de commerce de crainte *« de se noyer dans le management et le marketing »*. Et pour s'épargner des frais de scolarité.

2 DUT

Elle s'oriente vers un DUT techniques de commercialisation : *« Je voulais avoir une année théorique puis l'autre en alternance et j'ai repéré un établissement qui les proposait. Et puis, je préférais le contrôle continu plutôt que les examens finaux du BTS. »* Nisha apprend beaucoup. Notamment sur le terrain, en 2de année, en tant qu'assistante commerciale dans une entreprise de BTP. Pourquoi l'alternance ? *« Pour le salaire, l'expérience et parce que ça plaît aux employeurs. »*

3 LICENCE PRO

Pour continuer à engranger de la pratique professionnelle, elle se dirige vers une licence pro négociateur d'affaires. *« J'ai intégré cette formation à La Défense pour travailler avec de grandes entreprises, notamment une société d'imprimantes où j'ai découvert le* commerce B to B *(interentreprises). »*

4 BAC+5 EN ALTERNANCE

Nisha intègre ensuite l'école Sup de Vente, en ingénierie d'affaires. *« Il y avait la possibilité de suivre les 2 années en alternance. C'était exactement ce qu'il me fallait ! »* En dernière année, elle est employée par un prestataire informatique et télécoms où elle apprend à vendre des projets complexes à des entreprises. *« Je suis très fière de mon parcours. À chaque étape, j'ai pu monter en compétences. »*

À sa sortie, Nisha est presque certaine de trouver du travail. Mais elle n'exclut pas de poursuivre ses études pour décrocher un diplôme reconnu à l'international et partir travailler à l'étranger.

ESGCI

ÉCOLE DE COMMERCE POST-BAC EN 3 OU 5 ANS RECONNUE PAR L'ETAT.
TITRES CERTIFIÉS DE NIVEAUX I ET II, LICENCES PROFESSIONNELLES.

esgci.com/MKG

EMPLOI

LES EMPLOYEURS DU SECTEUR

Rouages indispensables dans la vie des entreprises, les pros du marketing et plus encore de la vente ou du commerce sont partout. Plus spécifiques, les métiers de la publicité s'exercent principalement en agence.

ENTREPRISES

Des banques aux constructeurs automobiles, en passant par la grande distribution ou les marques de luxe... les entreprises, qui se digitalisent de plus en plus, possèdent toutes des services marketing et de communication.
Car, pour résister à la concurrence, de nombreux impératifs s'imposent à elles : se renouveler, deviner ce qui plaira aux consommateurs, faire connaître leurs produits, veiller à leur image de marque et soigner leur e-réputation.

AGENCES

Agences de pub, de communication, de marketing... elles utilisent le Web, les réseaux sociaux et/ou les médias traditionnels (presse, télé...) pour communiquer, et vendent leur expertise aux entreprises (ou annonceurs).
Les agences web gèrent les aspects techniques et marketing de la création de sites. Les agences de com et de pub guident les entreprises dans l'organisation de leurs campagnes de publicité. En dehors des grands groupes (Havas, Publicis, Ogilvy...), la plupart de ces agences sont de petites structures dont les effectifs dépassent rarement les 50 salariés.

À elle seule, la grande distribution emploie plus de 600 000 personnes en France.

Source : Fédération du commerce et de la distribution (FCD).

INSTITUTS DE SONDAGE

Ifop, Ipsos, BVA… ces instituts sont chargés de réaliser des études ou des sondages d'opinion auprès des consommateurs. Ils délivrent ainsi des informations permettant aux entreprises d'orienter leur politique marketing.

SITES INTERNET

Messageries, moteurs de recherche (Yahoo, Google…), réseaux sociaux (Facebook, Twitter…), sites de partage de contenus (YouTube, Dailymotion…), sans oublier les sites d'e-commerce, qui se multiplient dans tous les secteurs (Vente-privee.com, Lastminute.com…), ces entreprises, dont l'activité est exclusivement liée à Internet, ont le vent en poupe. Faisant face à une concurrence accrue, ces plates-formes recherchent de plus en plus des pros du webmarketing et de la stratégie publicitaire.

FREE-LANCE

Certains métiers de la publicité, liés à la création, peuvent s'exercer en *free-lance* : graphiste, maquettiste, directeur artistique… Tout comme certains métiers de la communication (attaché de presse) et de la vente (marchandiseur).

LES COMPÉTENCES ATTENDUES

Curiosité et créativité, art de la négociation, maîtrise de l'anglais et des outils digitaux… pour exercer dans le marketing, la pub ou la vente, il faut plusieurs cordes à son arc ! Zoom sur les compétences indispensables.

L'ère du « tout-digital »
Maîtriser la culture web

« L'essor du digital a modifié les rapports entre les marques et les consommateurs », explique François Laurent, de l'Association nationale des professionnels du marketing (Adetem). *« Quand un client est mécontent, il le fait savoir directement sur les réseaux sociaux. C'est pourquoi le community manager, qui interagit sur ces nouveaux médias, a désormais un rôle stratégique. »* Avoir une culture web est devenu indispensable. *« Pour réaliser des campagnes digitales efficaces, je dois bien connaître le Web, ses codes, le comportement des internautes… »*, observe Nicolas Richard, concepteur-rédacteur. C'est même le cœur de métier du webmarketing, qui traque les clics des internautes pour savoir comment donner un maximum de visibilité à un produit ou à une campagne.

Avoir l'esprit de compétition : un atout pour de nombreux postes.

Créativité, curiosité
Être en veille quotidienne

Que l'on soit un créatif dans la pub, un pro du marketing ou de la communication, exercer une veille permanente dans son domaine est primordial : suivre l'actualité, scruter les réalisations de la concurrence, repérer les dernières tendances… *« Dans le secteur agroalimentaire, très concurrentiel, nous évoluons parmi des géants, leaders sur le marché. Cela nous oblige à nous dépasser ! »*, explique Sixtine d'Avout, directrice de la communication chez Michel et Augustin. *« Il faut suivre les créations de nos concurrents, afin de nous en démarquer ! »* Plus largement, de nombreux métiers du secteur, en particulier ceux de la création publicitaire, nécessitent une solide culture générale et une grande curiosité. *« Théâtre, cinéma, littérature, peinture, actualité… l'esprit créatif se nourrit de tout ! »* analyse Nicolas Richard, concepteur-rédacteur.

Négocier et persuader
Sens commercial exigé !

Dans les métiers « stratèges » de la pub ou du marketing, le sens de la négociation commerciale est fondamental. *« Lorsque je présente un projet de campagne à un client, il faut lui vendre notre proposition : c'est du commercial pur ! »* atteste Gloria Amzallag, cheffe de pub. *« Savoir négocier avec les régies publicitaires les meilleurs emplacements au meilleur prix est une part essentielle de mon métier »*, assure encore Marie Barrielle, média planner. Et c'est évidemment crucial pour les métiers commerciaux dont la rémunération dépend souvent du nombre de ventes effectuées.

© AJKKAFE/ISTOCK.COM

Métiers de réseau
Entretenir ses relations

Dans les secteurs très demandés du marketing et de la publicité, entretenir un réseau est essentiel. Et cela commence avant même d'être diplômé. *« La pub est un petit milieu. Il ne faut pas hésiter à multiplier les stages pour nouer un maximum de contacts »*, explique Nicolas Richard, concepteur-rédacteur. Même constat dans le marketing : *« Peu de recrutements se font* via *des annonces. Il est important pour les jeunes diplômés de se constituer un carnet d'adresses et d'être présents sur les réseaux sociaux professionnels »*, assure le président de l'Association nationale des professionnels du marketing (Adetem). Et, une fois en poste, il faut savoir maintenir son réseau. *« Pour progresser, il faut changer d'agence, tous les 4 ou 5 ans »*, assure Moly Richez, directrice artistique en agence de pub.

Être bilingue
In English, please

Dans le marketing ou la publicité, dès qu'on touche au Web ou aux outils informatiques, la maîtrise de l'anglais est une nécessité : *« Je travaille toute la journée sur des logiciels de graphisme entièrement en anglais. La maîtrise de cette langue m'est donc indispensable ! »* témoigne Moly Richez, directrice artistique. Dans l'import-export, il s'agit même de la langue de travail. Même chose pour les pros du marketing des grosses entreprises. *« Nous sommes en contact permanent avec nos collègues étrangers. Être bilingue est une condition indispensable pour être recruté »*, poursuit Alexia Petitjean, cheffe de produit chez Black & Decker.

LES TENDANCES DU RECRUTEMENT

Entrés de plain-pied dans l'ère digitale, les métiers du marketing, de la publicité et de la vente attirent les jeunes diplômés. Et les prévisions de croissance du secteur numérique laissent augurer de belles perspectives d'avenir.

L'effervescence de l'e-commerce

Amazon, Vente-privée.com… l'e-commerce affiche une santé éblouissante : explosion des ventes, sites toujours plus nombreux et toujours plus d'e-acheteurs. Selon la Fédération de l'e-commerce et de la vente à distance (Fevad), plus de 112 000 personnes travaillent dans ce secteur et l'heure est aux recrutements. Car les sites marchands sont confrontés à un enjeu de taille : être visibles sur la Toile. Afin d'y optimiser leur présence ou de faire connaître leurs applications mobiles, ils font appel aux pros du webmarketing : community managers, traffic managers…

Avec le numérique, de nouveaux profils sont recherchés : plus techniques et capables de traiter de gros volumes de données.

Pub et marketing : dopés par le Web

Sans surprise, dans le marketing comme dans la pub, les métiers les plus recherchés sont ceux du digital. *« Précisément, ceux en relation avec les données web et les réseaux sociaux : analyste web, responsable e-CRM… »*, explique Marie Barrielle, média planner. Cette transformation numérique de l'activité permet un dopage des embauches. Un regain d'activité observé par l'Association des agences-conseils en communication (AACC) : *« On le constate sur les fonctions digitales et sur celles de chef de pub et de directeur de clientèle »*, précise l'AACC. L'essentiel des postes à pourvoir se situe aujourd'hui en Ile-de-France, où la moitié des agences de pub sont implantées, soit près de 4 000 (toujours selon l'AACC).

Sur les
114 000
professionnels de la pub

50 % ont moins de 35 ans

Source : Insee, 2015.

Les Français ont dépensé 57 millions d'euros sur Internet en 2014

Source : Fevad, chiffres clés 2015.

Les 3 secteurs leaders* du e-commerce :

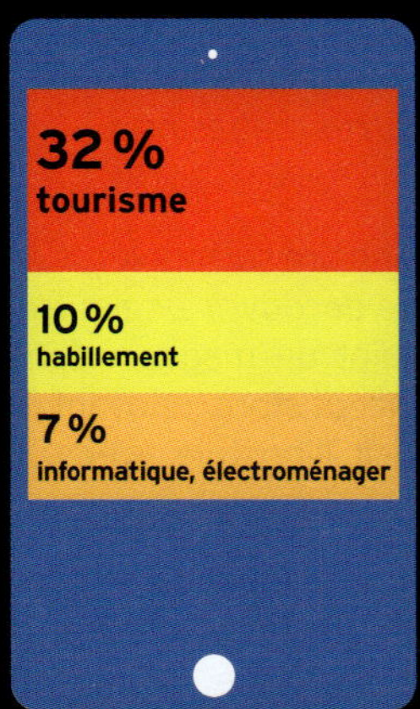

* en chiffre d'affaires

Source : Fevad, chiffres clés 2015.

La vente, toujours en forme

Si la vente en ligne se développe, la vente en magasin conserve un bel avenir. Selon la Direction de l'animation de la recherche, des études et des statistiques (Dares), près de 200 000 postes de vendeur en magasin seraient à pourvoir d'ici 2022, avec sans doute une évolution de la relation client, davantage orientée vers le conseil. Autant de recrutements sont attendus dans le management de points de vente (managers de rayon, directeurs de magasin).
De même, les embauches sur les fonctions commerciales se situent toujours au cœur de la stratégie de développement des entreprises. La Dares estime à 150 000 les embauches d'attachés commerciaux, toujours sur la même période de référence.

Bac + 5 et expérience bienvenus

« *Engagées dans leur transformation digitale, les entreprises imposent de disposer de compétences de plus en plus pointues* », analyse Philippe Cattelat, directeur de l'école Sup de Pub. « *Toutes nos formations en marketing sont calibrées pour des bac + 5* », ajoute Romain Zerbib, professeur en marketing à l'école de commerce ICD Paris. Mais le diplôme seul ne suffit pas. Nombreuses sont les annonces qui exigent plusieurs années d'expérience, dans la pub (chef de pub, média planner…) comme dans le marketing (chef de produit, chargé d'études…). La vente n'est pas épargnée non plus par le phénomène de surenchère des diplômes. « *Aujourd'hui, les recrutements s'effectuent plutôt à bac + 4/+5, alors qu'il y a une dizaine d'années les bac + 2 étaient majoritaires* », analyse Vincent Caltabellotta, directeur de l'Observatoire national des dirigeants commerciaux de France.

MES DÉBUTS DANS LA GRANDE DISTRIBUTION

Patrick Dossart,
vendeur à La Grande Récré

CV

- BEP vente action marchande
- Bac pro commerce

À 24 ans, Patrick est vendeur en CDI, après diverses expériences au sein de la même enseigne. Un parcours fréquent. *« Beaucoup d'employés passent par plusieurs boutiques »*, explique-t-il.

Son conseil !

« Pour réussir dans la vente, il faut savoir rester patient. Au début, c'est parfois difficile de ne pas douter de soi face à certains clients exigeants ou grincheux. Mais il faut persévérer, sans se braquer ! »

Se forger une expérience

Durant son BEP et son bac pro, Patrick fait presque tous ses stages à La Grande Récré. *« Je voulais faire de la vente, mais j'hésitais entre le multimédia, les jeux vidéo et les jouets. Mon premier stage m'a permis de faire un choix. »* Ses stages suivants sont l'occasion de découvrir le service après-vente (SAV), la réception de colis...

Être sûr de son choix

Après son bac pro, il voyage pendant 1 an. *« Le temps de réfléchir au métier que je voulais faire. »* À son retour, il est certain qu'il veut continuer dans la vente de jouets. Un magasin de l'Est parisien cherche à recruter ? Il candidate. *« Mon profil a retenu l'attention, parce que je connaissais la façon de travailler de La Grande Récré et j'avais fait mes preuves dans d'autres magasins. »*

Le premier poste

Il exerce 3 mois comme manutentionnaire saisonnier. *« Je travaillais souvent la nuit, ce qui m'a permis de découvrir une autre facette de la grande distribution. »* Puis il rejoint un magasin dans Paris. En 2015, La Grande Récré ouvre un *concept store* innovant à Boulogne-Billancourt. Un défi qui motive Patrick. Il postule, avec succès !

Découvrir chaque jour

Désormais en CDI, Patrick continue d'apprendre : il découvre la vente de fêtes d'anniversaire « clé en main ». *« C'est différent. Les parents doivent me faire davantage confiance, car ce n'est pas aussi concret qu'un jouet qu'ils peuvent toucher. »* Qu'espère-t-il pour la suite ? *« Que ce nouveau magasin séduise les clients ! »* sourit-il.

MES DÉBUTS EN AGENCE DE PUB

Nicolas Richard,
concepteur-rédacteur chez Grey

CV

- Bac S
- Licence d'économie et gestion
- Master 2 en marketing

Attiré depuis l'enfance par l'univers de la pub, Nicolas opte pour un master 2 en marketing à l'institut d'administration des entreprises (IAE) d'Aix-en-Provence. « *Le marketing me semblait offrir davantage de débouchés que la publicité.* » C'est à l'occasion de son stage de fin d'études, à Paris, qu'il est rattrapé par sa première passion.

Le stage, un pré-recrutement

Il effectue un stage comme planner stratégique chez Orange. L'expérience est réussie. À tel point qu'on lui propose un CDI ! Mais Nicolas n'est pas intéressé : « *Je trouvais l'activité côté annonceur un peu routinière.* » Plus attiré par la création publicitaire en agence, il commence sa recherche de poste.

Élargir ses compétences

Mais, avec un diplôme orienté marketing, peu de portes s'ouvrent. Engagé par l'agence web Plan.net pour faire du *consulting* en médias sociaux, il n'abandonne pas pour autant ses rêves. « *Je me mets alors à regarder les concepteurs-rédacteurs travailler avec les directeurs artistiques… Et je décide de m'exercer dans mon coin.* »

Mise à l'essai

Un poste de concepteur-rédacteur se libère. Nicolas demande à être mis à l'essai. « *Il s'agissait d'une campagne web pour la marque de gâteaux apéritifs Curly, qui voulait davantage toucher les jeunes adultes.* » Son projet séduit et remporte l'appel d'offres. Il est engagé comme concepteur-rédacteur. « *Dans ce métier, l'imagination et la créativité font plus que le diplôme. En sortant de belles campagnes ou en gagnant des prix, on peut progresser vite.* » En poste depuis 2 ans, il souhaite à moyen terme partir travailler à l'étranger, « *dans des villes comme Londres ou Amsterdam où la créativité est forte.* »

Son conseil !

« La pub est un milieu assez fermé. Il ne faut donc pas hésiter à multiplier les stages, car cela permet de se créer un réseau, précieux pour progresser ! »

GUIDE PRATIQUE

COMPARER LES FILIÈRES

BTS, DUT, licence pro, master... ? Reportez-vous à ce tableau pour découvrir d'un coup d'œil les caractéristiques des principales filières citées dans cette publication.

	Bac pro	BTS	DUT	Licence pro
Titre délivré	Diplôme national	Diplôme national	Diplôme national	Diplôme national
Établissement	Lycée professionnel ou CFA	Section de techniciens supérieurs, en lycée ou en école	IUT, à l'université	Université
Niveau d'admission	Après la classe de 3e	Bac	Bac (ou bac + 2 pour l'année spéciale)	Bac + 2
Durée des études	3 ans	2 ans	2 ans	1 an
Accès	Sur dossier et avis du conseil de classe	Sur dossier, parfois entretien	Sur dossier, parfois entretien	Sur dossier et entretien
Stages	22 semaines, réparties sur 3 ans	12 semaines	10 à 16 semaines	12 à 16 semaines
Apprentissage	Oui, au sein de CFA ou en UFA de LP	Oui (offre variable selon les spécialités)	Oui (offre variable selon les spécialités)	Oui (offre variable selon les spécialités)
Validation	Contrôle continu et/ou en fin de cursus	Examen final avec une part de contrôle continu	Contrôle continu	Contrôle continu et/ou examen final
Droits d'inscription (2015-2016)	Gratuit dans le public et pour les apprentis, variable dans le privé	Gratuit dans le public, variable dans le privé	184 €	184 €
Poursuite d'études	BTS, MC	Pour 53 % des étudiants, mais variable selon les spécialités	Pour 82 % des étudiants	Pour environ 20 % des étudiants

	Licence	Master	Diplôme d'école de commerce	Diplôme d'école de publicité ou de com
	Diplôme national	Diplôme national	Diplôme d'école*	Diplôme d'école*
	Université	Université	École de commerce	École de communication, de publicité
	Bac	Licence	Bac ou bac + 2	Bac ou bac + 2
	3 ans	2 ans	3 à 5 ans selon le niveau d'admission	3 à 5 ans selon le niveau d'admission
	Pas de sélection en L1, mais avoir un profil cohérent	Sur dossier et entretien en M2, voire en M1	Sur épreuves	Sur épreuves
	Facultatifs, le plus souvent	4 à 6 mois	Durée variable selon les écoles	Durée variable selon les écoles
	Très rare	Oui (offre variable selon les spécialités)	Oui (offre variable selon les écoles)	Oui (offre variable selon les écoles)
	Contrôle continu et/ou examen final	Contrôle continu et/ou examen final	Contrôle continu	Contrôle continu
	184 €	256 €	Jusqu'à 10 000 € l'année	Jusqu'à 10 000 € l'année
	Le plus souvent, essentiellement en master	Possibilité de continuer en doctorat (pour faire de la recherche) ou de rejoindre une école	Variable selon le niveau de sortie	Variable selon le niveau de sortie

* Le visa du ministère chargé de l'Enseignement supérieur et de la Recherche accordé à certains diplômes d'écoles de commerce officialise leur niveau académique et garantit leur qualité.

BTS : brevet de technicien supérieur - CFA : centre de formation d'apprentis - DUT : diplôme universitaire de technologie - IUT : institut universitaire de technologie - LP : lycée professionnel - MC : mention complémentaire - UFA : unité de formation par apprentissage.

PRÉPARER SON ENTRÉE DANS LE SUPÉRIEUR

Dès la classe de 1re et tout au long de la terminale, construisez votre parcours étape par étape.

Classe de 1re

SEPTEMBRE À DÉCEMBRE

→ Engagez le **dialogue** avec l'équipe éducative et participez aux **actions d'orientation et d'information** organisées dans votre lycée.

→ Profitez des **salons d'orientation** ou des **conférences thématiques** organisés dans votre région pour démarrer la réflexion en famille, en parallèle de l'accompagnement effectué en classe.

→ Sur **www.onisep.fr**, consultez le guide ***Après le bac, choisir ses études supérieures*** de votre région. Il permet de repérer toute l'offre de formation dans votre académie, avec indication des cursus publics et privés. Pour une information plus approfondie, consultez l'onglet « Après le bac » sur **www.onisep.fr**.

→ Pour une réflexion poussée sur vos centres d'intérêt et le choix de votre formation, prenez rendez-vous avec un conseiller d'orientation-psychologue du **centre d'information et d'orientation (CIO)** le plus proche de chez vous.

DÉCEMBRE À FÉVRIER

→ Universités, centres de formation d'apprentis (CFA), écoles... les établissements organisent des **journées portes ouvertes (JPO)**. Retrouvez les dates de ces journées sur **www.onisep.fr**, dans l'espace dédié à votre région ou sur le site de votre rectorat.

→ Des **journées d'immersion** permettent aussi d'aller découvrir les universités, seul ou avec sa classe. C'est l'occasion de rencontrer des étudiants et des enseignants, de suivre certains cours, de sentir l'ambiance de travail.

→ L'accès à l'immense majorité des places dans le supérieur est régi par la **procédure nationale d'admission post-bac (APB)**. Renseignez-vous sur les modalités, le calendrier, etc.

Classe de terminale

SEPTEMBRE À DÉCEMBRE

→ En préparation des inscriptions, repérez sur **www.onisep.fr_APB** les filières dont l'inscription s'effectue *via* la procédure Admission post-bac, et celles qui ont leur propre procédure d'admission.

→ Pour des renseignements précis sur une filière d'études, n'hésitez pas à poser toutes vos questions par courrier électronique, tchat ou téléphone aux conseillers de l'Onisep *via* le service **www.monorientationenligne.fr**.

DÉCEMBRE À MARS

→ Sur **www.onisep.fr**, consultez le guide ***Après le bac, choisir ses études supérieures*** de votre région avant d'effectuer vos vœux sur **www.admission-postbac.fr** dès janvier, ou directement auprès des établissements dans certains cas. Si vous visez une formation en **apprentissage**, postulez également auprès des entreprises.

→ Poursuivez aussi les **visites d'établissements**.

→ Le site **www.admission-postbac.fr** permet aux élèves de terminale d'effectuer des demandes d'admission dans plusieurs filières du supérieur. Dès le mois de décembre, vous y retrouvez la liste des formations ouvertes à la rentrée suivante, le calendrier et les différentes étapes à respecter, les profils particuliers (déjà bachelier, bac obtenu à l'étranger). Ceux qui visent l'université doivent aussi effectuer une demande de conseil (dite « orientation active ») sur la cohérence des vœux de licences.

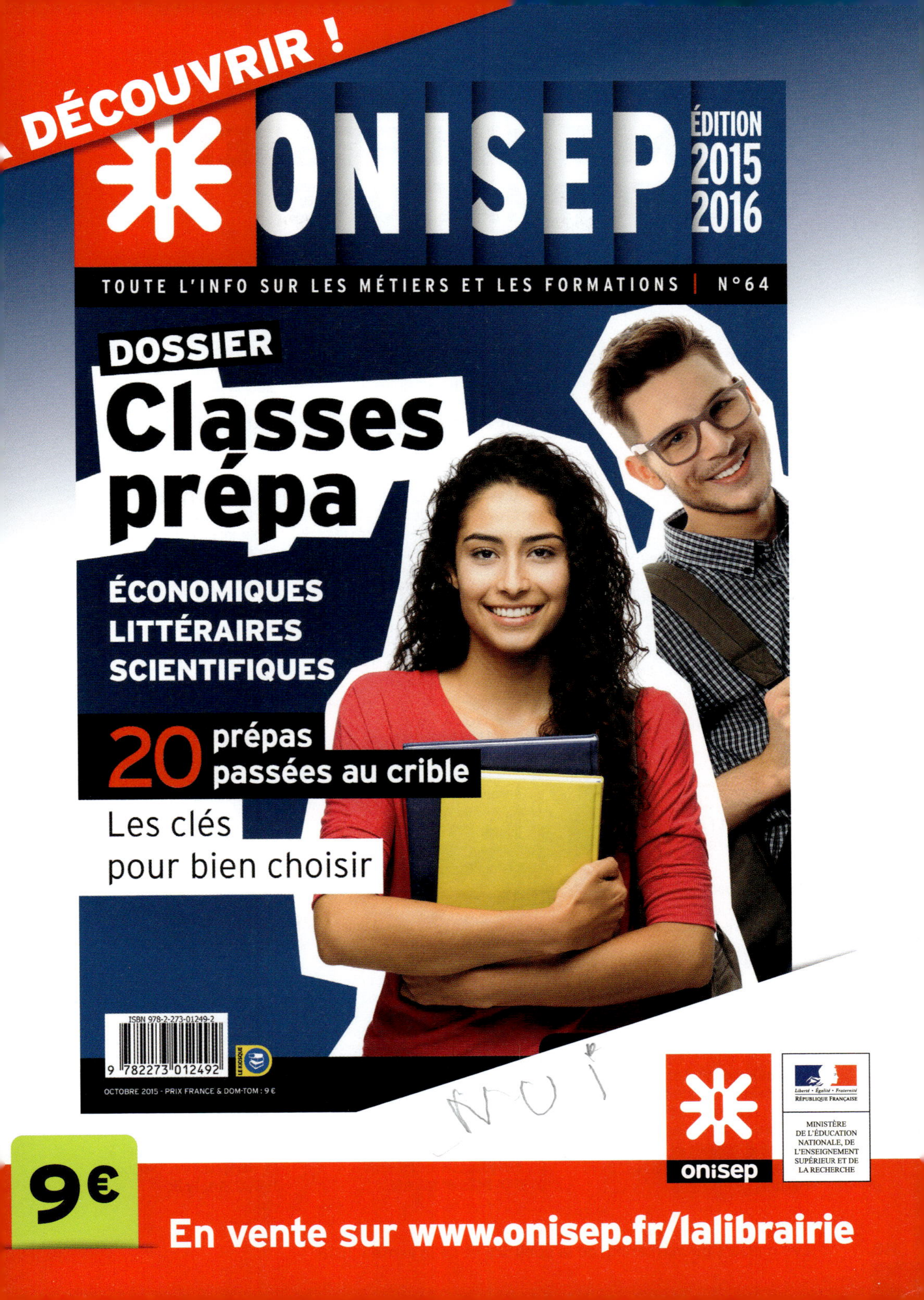
À DÉCOUVRIR !
ONISEP
ÉDITION 2015 2016
TOUTE L'INFO SUR LES MÉTIERS ET LES FORMATIONS | N°64
DOSSIER
Classes prépa
ÉCONOMIQUES
LITTÉRAIRES
SCIENTIFIQUES
20 prépas passées au crible
Les clés pour bien choisir
ISBN 978-2-273-01249-2
9 782273 012492
OCTOBRE 2015 - PRIX FRANCE & DOM-TOM : 9 €
onisep
Liberté • Égalité • Fraternité
RÉPUBLIQUE FRANÇAISE
MINISTÈRE DE L'ÉDUCATION NATIONALE, DE L'ENSEIGNEMENT SUPÉRIEUR ET DE LA RECHERCHE
9€
En vente sur www.onisep.fr/lalibrairie

CARNET D'ADRESSES DES FORMATIONS

Retrouvez toute l'information sur les formations et les établissements mise à jour sur www.onisep.fr.

Au sommaire

BTS

Sont présentés ici les brevets de technicien supérieur menant aux métiers du marketing, de la vente et de la publicité. Les établissements de formation sont classés par départements avec leur statut (public, privé sous contrat/hors contrat, consulaire). Les formations proposées en apprentissage sont indiquées avec un **A**.

BTS COMMERCE INTERNATIONAL (diplôme à référentiel commun européen)

86 Futuroscope Cned 05 49 49 94 94 **Public S**
02 Laon Lycée P Claudel 03 23 26 22 60 **Public** Int GF **S**
06 Cannes École Pigier 04 93 43 62 42 **Pr Hc S**
06 Cannes Lycée Bristol 04 93 06 79 00 **Public** Int hors étab **S**
06 Nice École Pigier 04 93 29 83 33 **Pr Hc S**
06 Nice Ipag 04 93 13 39 00 **Pr reconnu S**
06 Nice Lycée du Parc impérial 04 92 15 24 60 **Public** Int GF **S**
07 Tournon-sur-Rhône Lycée G Faure 04 75 08 21 33 **Public** Int GF **S**
08 Sedan Lycée P Bayle 03 24 27 39 95 **Public** Int GF **S**
10 La Chapelle-Saint-Luc Lycée E Herriot 03 25 72 15 50 **Public** Int GF **S**
11 Narbonne Lycée L Michel 04 68 32 84 00 **Public** Int GF **S**
13 Aix-en-Provence Cours Diderot 04 42 52 35 10 **Pr Hc S**
13 Aix-en-Provence Groupe Merkure 04 42 20 62 06 **Pr Hc** Int GF **S**
13 Luynes Lycée international G Duby 04 42 60 86 00 **Public** Int GF **S**
13 Luynes UFA Georges Duby du CFA A2P 04 42 60 86 00 **Public** Int GF **A**
13 Marseille IFC Méditerranée 04 91 32 19 29 **Pr Hc S**
13 Marseille Lycée J Perrimond 04 91 52 83 07 **Pr Sc S**
13 Marseille Lycée La Cadenelle 04 91 18 10 50 **Pr Sc** Int F **S** ou **A**
13 Marseille Lycée Périer 04 91 13 39 00 **Public S**
14 Caen Lycée A Fresnel 02 31 70 33 00 **Public** Int F **S** ou **A**
14 Caen Lycée Ste-Ursule 02 31 94 71 00 **Pr Sc S**
16 Angoulême Lycée M de Valois 05 45 97 45 00 **Public** Int GF **S**
16 Cognac ICF-CFA CCI 05 45 36 32 80 **Consulaire A**
16 L'Isle-d'Espagnac CFA de la CCI d'Angoulême 05 45 90 13 13 **Consulaire** Int GF Int F **A**
17 La Rochelle Lycée A de St-Exupéry 05 46 43 69 83 **Public** Int GF **S**
18 Bourges Lycée Ste-Marie St-Dominique 02 48 50 96 60 **Pr Sc** Int GF **S**
21 Dijon Lycée les Arcades 03 80 68 48 28 **Pr Sc** Int GF **S**
21 Dijon Lycée Montchapet 03 80 53 29 29 **Public** Int GF **S**
22 Lannion Lycée F Le Dantec 02 96 05 61 71 **Public** Int GF **S**
22 Loudéac Lycée St-Joseph 02 96 66 10 66 **Pr Sc S**
24 Périgueux Lycée St-Joseph 05 53 06 84 00 **Pr Sc** Int GF **S**
25 Pontarlier Lycée X Marmier 03 81 46 94 80 **Public** Int GF **S**
26 Montélimar Lycée A Borne 04 75 92 34 34 **Public** Int GF **S**
28 Chartres Campus de la CCI d'Eure-et-Loir 02 37 84 28 28 **Consulaire S**
28 Luisant Lycée S Monfort 02 37 88 21 21 **Public** Int GF **S**
29 Brest Lycée J Lesven 02 98 43 56 00 **Public** Int F **S**
29 Quimper Lycée le Likès 02 98 95 04 86 **Pr Sc** Int GF **S**
29 Saint-Pol-de-Léon Lycée N D du Kreisker 02 98 69 13 08 **Pr Sc** Int GF **S**
30 Nîmes Lycée A Camus 04 66 62 91 71 **Public** Int GF **S**
31 Colomiers Lycée ORT M Grynfogel 05 61 15 92 60 **Pr Hc** Int GF **S**
31 Labège Esarc Évolution 05 61 39 97 98 **Pr Hc** Int hors étab **S**
31 Labège Esicad 05 61 39 03 63 **Pr Hc S**
31 Toulouse Cours Diderot 05 61 34 36 36 **Pr Hc S**
31 Toulouse École Vidal 05 62 21 32 25 **Pr Hc S**
31 Toulouse LP St-Marie St-Sernin 05 62 27 91 61 **Pr Sc S**
31 Toulouse Lycée Billières 05 62 73 33 99 **Pr Sc S**
31 Toulouse Lycée Ozenne 05 61 11 58 00 **Public S**
31 Toulouse Lycée R Naves 05 34 25 30 00 **Public** Int GF **S**
33 Bordeaux Bernom Sup 05 57 22 42 42 **Pr Hc S**
33 Bordeaux EBBS Business School 05 57 10 38 15 **Pr Hc S**
33 Bordeaux Formasup Campus 05 56 34 01 73 **Pr Hc S**
33 Bordeaux Lycée J Condorcet 05 56 69 60 50 **Public** Int hors étab **S**
33 Bordeaux Lycée N Brémontier 05 56 33 49 60 **Public** Int GF **S**
33 Mérignac Esarc Évolution 05 56 12 81 82 **Pr Hc S**

34 Montpellier Cours Diderot 04 67 920 910 **Pr Hc S**
34 Montpellier Esarc Évolution 04 67 91 31 41 **Pr Hc S**
34 Montpellier Esicad 04 67 10 57 56 **Pr Hc S**
34 Montpellier IFC Montpellier 04 67 65 50 85 **Pr Hc S**
34 Montpellier Lycée J Guesde 04 67 10 33 70 **Public S**
34 Sète Lycée St-Joseph 04 67 53 69 10 **Pr Sc S**
35 Rennes École Aftec de Rennes 02 99 86 11 00 **Pr Hc S**
35 Rennes Esup 02 99 31 42 43 **Pr Hc S**
35 Rennes Lycée J Macé 02 99 87 91 30 **Public** Int GF **S**
35 Saint-Malo Lycée Institution St-Malo La Providence 02 99 40 74 74 **Pr Sc** Int GF **S**
37 Chambray-lès-Tours Lycée Ste-Marguerite 02 47 74 80 00 **Pr Sc S**
37 Tours CFA 02 47 88 51 00 **Public** Int GF **A**
37 Tours Lycée Choiseul 02 47 88 10 30 **Public** Int F **S**
38 Grenoble École Faugier 04 76 48 15 48 **Pr Hc S**
38 Grenoble LT Iser-Bordier 04 76 22 05 97 **Pr Sc S**
38 Grenoble Lycée L Michel 04 38 12 36 00 **Public** Int GF **S**
38 Pont-de-Chéruy Lycée La Pléiade 04 72 46 92 00 **Public S**
38 Vienne Lycée Robin 04 74 53 01 21 **Pr Sc S**
39 Dole Lycée Pasteur Mont-Roland 03 84 79 66 01 **Pr Sc** Int GF **A**
41 Blois Lycée la Providence 02 54 56 43 10 **Pr Sc** Int F **S**
42 Saint-Étienne Lycée La Salle 04 77 43 54 30 **Pr Sc** Int hors étab **S**
42 Saint-Étienne Lycée Monnet-Fourneyron 04 77 46 30 50 **Public S**
44 Carquefou Etudia 02 40 50 87 82 **Pr Hc S**
44 Nantes Encom 02 40 48 40 24 **Pr Sc S**
44 Nantes Lycée Carcouet 02 40 16 18 18 **Public S**
44 Nantes Lycée N Mandela 02 51 72 86 60 **Public** Int GF **S**
44 Nantes Lycée St-Félix - La Salle 02 44 76 35 00 **Pr Sc** Int GF **S**
45 Orléans Lycée J Zay 02 38 78 12 12 **Public S**
46 Cahors Lycée St-Étienne 05 65 23 32 00 **Pr Sc** Int GF **S**
49 Angers ESPL 02 41 73 20 30 **Pr Hc S**
49 Angers Icoges 02 41 25 35 15 **Pr Hc S**
49 Angers Lycée Sacré-Cœur 02 41 81 42 01 **Pr Sc S**
49 Cholet Lycée Europe R Schuman 02 41 49 73 00 **Public** Int GF **S**
51 Châlons-en-Champagne Lycée F Ozanam 03 26 69 32 70 **Pr Sc** Int hors étab **S**
51 Reims Lycée Libergier 03 26 77 61 61 **Public** Int GF **S**
54 Laxou CFA CCI 03 83 95 36 26 **Consulaire A**
54 Laxou Lycée du commerce et des affaires 03 83 95 36 13 **Consulaire S**
54 Longwy Lycée A Mézières 03 82 39 53 53 **Public** Int GF **S**
54 Nancy Lycée F Chopin 03 83 40 20 42 **Public** Int F **S**
56 Ploemeur Lycée Notre-Dame de la Paix 02 97 37 20 68 **Pr Sc** Int GF **S**
56 Vannes Lycée A R Lesage 02 97 46 61 10 **Public** Int GF **S**
57 Metz Lycée de la Salle 03 87 20 02 00 **Pr Sc S**
57 Metz Lycée R Schuman 03 87 76 40 40 **Public** Int GF **S**
57 Sarreguemines Lycée Jean de Pange 03 87 98 07 73 **Public** Int GF **S**
57 Thionville Lycée Notre-Dame de la Providence 03 82 82 48 20 **Pr Sc S**
59 Armentières Lycée St-Jude 03 20 77 10 49 **Pr Sc** Int GF **S**
59 Cambrai Lycée Fénelon 03 27 72 77 77 **Public** Int F **S**
59 Douai Lycée JB Corot 03 27 71 81 20 **Public** Int GF **S**
59 Dunkerque Lycée A Angellier 03 28 29 29 82 **Public S**
59 Lille Lycée G Berger 03 20 49 31 59 **Public S**
59 Lille Lycée international Montebello 03 20 63 33 33 **Public** Int GF **S**
59 Valenciennes Lycée Watteau 03 27 28 27 00 **Public** Int F **S**
60 Beauvais Lycée F Faure 03 44 48 64 64 **Public S**
60 Beauvais Promeo 03 44 06 15 20 **CFA privé A**
60 Compiègne Lycée Jean-Paul II 03 44 20 07 03 **Pr Sc** Int F **S**
60 Senlis Lycée H Capet 03 44 63 65 50 **Public S**
62 Arras Lycée G Mollet 03 21 21 49 50 **Public** Int GF **S**
62 Béthune Lycée L Blaringhem 03 21 64 48 60 **Public** Int GF **S**
62 Boulogne-sur-Mer Lycée Mariette 03 21 10 66 66 **Public** Int GF **S**
62 Lens Lycée St-Paul 03 21 13 56 10 **Pr Sc S**
63 Clermont-Ferrand Institut des métiers 04 73 23 60 00 **Consulaire** Int hors étab **A**
63 Clermont-Ferrand Lycée A Brugière 04 73 24 64 16 **Public** Int GF **S**
64 Bayonne Lycée Largenté 05 59 63 29 29 **Pr Sc** Int GF **S**
64 Pau Lycée St John-Perse 05 59 62 73 11 **Public** Int hors étab **S**
65 Tarbes Lycée M Curie 05 62 44 56 56 **Public** Int GF **S**
66 Perpignan Lycée du Bon Secours 04 68 56 57 76 **Pr Sc** Int hors étab **S**
67 Strasbourg École Grandjean 03 88 32 76 10 **Pr Hc S**
67 Strasbourg ESMG 03 88 22 65 08 **Pr Hc S**
67 Strasbourg Lycée ORT 03 88 76 74 76 **Pr Sc S**
67 Strasbourg Lycée R Cassin 03 88 45 54 54 **Public S**
67 Strasbourg Omnis 03 88 25 88 88 **Pr reconnu S**
68 Mulhouse Lycée A Schweitzer 03 89 33 44 88 **Public** Int GF **S**
69 Lyon Carrel - École supérieure des métiers de la vente 04 72 71 56 46 **Pr Hc S**
69 Lyon Cours Diderot 04 78 69 10 80 **Pr Hc** Int hors étab **S**
69 Lyon Icoges 04 72 68 78 30 **Pr Hc S**
69 Lyon Idrac 04 72 85 72 72 **Pr reconnu S**
69 Lyon Lycée A et L Lumière 04 78 78 31 78 **Public** Int F **S**
69 Lyon Lycée Ampère 04 72 10 12 12 **Public S**
69 Lyon Lycée Assomption Bellevue 04 37 65 30 70 **Pr Sc** Int GF **S**
69 Lyon Lycée La Martinière Duchère 04 72 17 29 50 **Public** Int GF **S** ou **A**
69 Lyon Lycée Ste-Marie 04 78 28 38 34 **Pr Sc S**
69 Lyon Lycée St-Marc 04 78 38 06 06 **Pr Sc S**
69 Villefranche-sur-Saône Lycée C Bernard 04 74 02 72 72 **Public** Int GF **S**
71 Mâcon Lycée Lamartine 03 85 20 46 00 **Public** Int GF **S** ou **A**
72 Le Mans Lycée M Yourcenar 02 43 84 02 60 **Public S**
72 Le Mans Lycée St-Charles-Ste-Croix 02 43 50 16 70 **Pr Sc S**
73 Chambéry Lycée St Ambroise 04 79 33 12 55 **Pr Sc** Int GF **S**

Int GF : internat garçons-filles
Pr Hc : privé hors contrat
Pr Sc : privé sous contrat
A : statut de l'élève « apprenti »
S : statut de l'élève « scolaire »

BTS commerce international (suite)

74 Annemasse Lycée des Glières 04 50 43 93 20 **Public S**
75 Paris CFA Cerfal 01 40 52 28 70 **CFA privé A**
75 Paris CFA IMC 01 53 32 53 00 **CFA privé A**
75 Paris Cours Diderot 01 49 23 75 75 **Pr Hc** Int hors étab **S**
75 Paris ENC 01 44 85 85 00 **Public S**
75 Paris Esup Paris 01 42 93 90 90 **Pr Hc S**
75 Paris ESVE 01 55 56 36 36 **Pr Hc S**
75 Paris ETS 01 44 29 23 60 **Pr Hc S**
75 Paris Icoges 01 45 58 17 33/01 55 26 95 70 **Pr Hc S**
75 Paris Ifocop INTS 01 49 29 00 23 **Pr Hc S**
75 Paris Itic 01 43 73 20 40 **Pr Hc S**
75 Paris LPO J Lurçat 01 44 08 70 20 **Public S**
75 Paris Lycée Carcado Saisseval 01 45 48 43 46 **Pr Sc S**
75 Paris Lycée Ch Péguy 01 48 05 16 47 **Pr Sc S**
75 Paris Lycée des Petits-Champs 01 43 67 59 59 **Pr Sc A**
75 Paris Lycée E Dubois 01 44 16 85 90 **Public S**
75 Paris Lycée E Quinet 01 48 78 55 17 **Public S**
75 Paris Lycée international de Paris H de Balzac 01 53 11 12 13 **Public S**
75 Paris Lycée M Ravel 01 44 64 87 40 **Public** Int GF **S**
75 Paris Plus Values site Paris Ouest 01 45 61 25 25 **Pr Hc S**
75 Paris Progress Com 01 49 23 73 41 **Pr Hc S**
76 Montivilliers Lycée J Prévost 02 32 79 57 77 **Public S**
76 Rouen Lycée G Flaubert 02 35 12 88 88 **Public** Int GF **S**
76 Sotteville-lès-Rouen Lycée Les Bruyères 02 32 81 69 70 **Public** Int F **S**
77 Combs-la-Ville Lycée Galilée 01 60 34 53 30 **Public S**
77 Dammarie-les-Lys Lycée F Joliot Curie 01 64 39 34 34 **Public S**
77 Émerainville CFA Utec commerce, services, comptabilité, gestion 01 60 37 52 31 **Consulaire A**
77 Meaux Lycée J Rose 01 60 09 88 50 **Pr Sc** Int hors étab **S**
77 Meaux Lycée J Vilar 01 60 23 00 00 **Public** Int hors étab **S**
77 Melun Lycée St Aspais 01 60 56 59 59 **Pr Sc** Int G **A**
77 Mitry-Mory Lycée H de Balzac 01 64 27 80 81 **Public S**
77 Noisiel Lycée G de Nerval 01 60 37 53 00 **Public S**
78 Maisons-Laffitte Esup/CPEA 01 39 12 00 09 **Pr Hc S**
78 Saint-Germain-en-Laye Lycée JB Poquelin 01 30 87 44 00 **Public S**
78 Verneuil-sur-Seine Lycée Notre-Dame Les Oiseaux 01 39 28 15 00 **Pr Sc** Int F **S** ou **A**
78 Versailles Lycée Notre-Dame du Grandchamp 01 39 24 12 80 **Pr Sc S**
79 Niort CFCN 05 49 79 40 20 **Pr Hc** Int G **S**
80 Amiens Lycée E Gand 03 22 53 41 22 **Public** Int GF **S**
83 La Garde Lycée du Coudon 04 94 08 65 00 **Public S**
83 Saint-Raphaël Déclic 04 94 19 48 34 **Pr Hc S**
83 Toulon Lycée Notre-Dame 04 94 27 31 28 **Pr Sc S**
84 Avignon IFC Provence 04 90 14 15 90 **Pr Hc S**
85 Saint-Laurent-sur-Sèvre Lycée St-Gabriel St-Michel 02 51 64 62 62 ou 02 51 64 78 70 **Pr Sc** Int GF **S**
86 Poitiers Lycée - Ensemble scolaire I de l'Etoile 05 49 50 34 00 **Pr Sc** Int GF **S**
86 Poitiers Lycée V Hugo 05 49 41 39 22 **Public** Int GF **S**
87 Limoges Lycée A Renoir 05 55 01 77 10 **Public** Int F **S**
89 Auxerre Lycée St-Joseph 03 86 94 23 60 **Pr Sc** Int GF **S**
90 Belfort Lycée Condorcet 03 84 46 64 80 **Public** Int GF **S**
91 Brunoy Lycée St-Pierre 01 60 47 99 99 **Pr Sc S**
91 Massy Lycée Fustel de Coulanges 01 69 53 40 60 **Public S**
91 Sainte-Geneviève-des-Bois Lycée A Einstein 01 69 46 11 11 **Public S**
92 Boulogne-Billancourt Lycée Notre-Dame 01 46 99 95 75 **Pr Sc S**
92 Courbevoie Lycée Montalembert 01 46 67 13 00 **Pr Sc S**
92 Saint-Cloud Lycée Alberto Santos Dumont 01 41 12 02 50 **Public A**
92 Sèvres Lycée J P Vernant 01 46 26 60 10 **Public S**
92 Suresnes Lycée P Langevin 01 47 72 20 13 **Public S**
92 Vaucresson Lycée P. Suger 01 47 41 10 44 **Pr Sc** Int F **S**
93 Aulnay-sous-Bois Lycée J Zay 01 48 66 04 98 **Public S**
93 Le Raincy Lycée A Schweitzer 01 41 53 11 50 **Public** Int GF **S**
93 Saint-Denis Maison d'éducation de la Légion d'Honneur 01 48 13 13 33 **Public** Int F **S**
94 Cachan Lycée M Sorre 01 47 40 49 60 **Public S**
94 Joinville-le-Pont Lycée général et technologique de l'ensemble Saint-Marie (pôle STS) 01 55 12 37 40 **Pr Sc S**
94 Saint-Maur-des-Fossés Lycée M Berthelot 01 45 11 51 11 **Public** Int GF **S**
95 L'Isle-Adam Lycée Fragonard 01 34 08 19 91 **Public S**
95 Margency Lycée Notre-Dame de Bury 01 34 27 38 00 **Pr Sc S**
95 Sarcelles Lycée JJ Rousseau 01 39 33 26 00 **Public S**
95 Vauréal Lycée C Claudel 01 34 21 18 93 **Public S**
971 Petit-Bourg Lycée des droits de l'Homme 05 90 95 40 28 **Public S**
971 Pointe-à-Pitre Institut de management et de marketing supérieur de commerce Caraïbes 05 90 48 07 90 **Pr Hc S**
972 La Trinité Lycée F Fanon 05 96 58 21 96 **Public** Int GF **S**
973 Mana Lycée de Mana 05 94 27 80 43 **Public** Int GF **S**
973 Mana Lycée L Elfort 05 94 27 80 43 **Public** Int GF **S**
974 Saint-Denis Lycée Leconte de Lisle 02 62 94 79 20 **Public** Int GF **S**
974 Sainte-Marie CFA de l'enseignement catholique 02 62 90 78 46 **CFA privé A**
974 Sainte-Suzanne LP Cluny de Ste-Suzanne 02 62 98 06 26 **Pr Sc S**
974 Saint-Pierre Lycée La Salle St-Charles 02 62 25 41 95 **Pr Sc S**
987 Papeete Cefor 689 54 88 88 **Consulaire S**
988 Nouméa Lycée Lapérouse 00 687 28 33 60 **Public** Int GF **S**

BTS COMMUNICATION

86 Futuroscope Cned 05 49 49 94 94 **Public S**
02 Soissons Lycée St-Rémy 03 23 53 20 62 **Pr Sc** Int GF **S**
03 Cusset Lycée A Londres 04 70 97 25 25 **Public** Int GF **S**
06 Cannes École Pigier 04 93 43 62 42 **Pr Hc S**
06 Cannes Institut libre d'études commerciales 04 97 06 64 51 **Pr Hc S**
06 Mougins Sup de Com - École supérieure de communication 04 9 80 70 06 53 **Pr Hc S**
06 Nice École Pigier 04 93 29 83 33 **Pr Hc S**
06 Nice Lycée du Parc Impérial 04 92 15 24 60 **Public** Int GF **S**
08 Charleville-Mézières Lycée Sévigné 03 24 59 83 00 **Public** Int GF **S**
11 Narbonne École ESP 04 68 32 35 33 **Pr Hc S**

11 Narbonne EPN Narbonne
04 68 41 76 93 **Pr Hc S**
13 Aix-en-Provence Cours Diderot
04 42 52 35 10 **Pr Hc S**
13 Aix-en-Provence Esarc Évolution
04 42 29 74 72 **Pr Hc S**
13 Aix-en-Provence Esdac
04 42 91 66 90 **Pr Hc S**
13 Aix-en-Provence Esupcome
04 42 95 18 65 **Pr Hc S**
13 Aix-en-Provence Groupe Merkure
04 42 20 62 06 **Pr Hc** Int GF **S**
13 Marseille IFC Méditerranée
04 91 32 19 29 **Pr Hc S**
13 Marseille Lycée J Perrimond
04 91 52 83 07 **Pr Sc S**
13 Marseille Lycée St-Exupéry
04 91 09 69 00 **Public** Int G **S**
14 Caen AIFCC 02 31 44 32 11 **Consulaire S**
14 Caen École supérieure des services aux entreprises 02 31 53 30 30 **Pr Hc S**
14 Caen Institut Supérieur Professionnel de Normandie 02 31 93 09 12 **Pr Hc S**
14 Caen Lycée Ste-Ursule 02 31 94 71 00 **Pr Sc S**
15 Aurillac Lycée de la communication St-Géraud 04 71 48 28 18 **Pr Sc** Int GF **S**
16 Angoulême Lycée M de Valois
05 45 97 45 00 **Public** Int GF **S**
17 La Rochelle Isfac 05 46 45 10 64
Pr Hc S
17 Rochefort Lycée M Merleau-Ponty
05 46 99 23 20 **Public** Int GF **S**
18 Bourges Estacom 02 48 67 55 56
Consulaire Int hors étab **S**
18 Bourges Lycée M de Navarre
02 48 67 81 40 **Public** Int GF **S**
21 Auxonne Lycée Prieur de la Côte-d'Or
03 80 27 00 00 **Public** Int GF **S** ou **A**
21 Dijon Lycée les Arcades
03 80 68 48 28 **Pr Sc** Int GF **S**
22 Dinan Lycée Cordeliers - N D de la Victoire 02 96 85 89 00 **Pr Sc** Int GF **S**
28 Chartres Lycée Notre-Dame
02 37 34 16 53 **Pr Sc S**
29 Brest Elytis 02 98 42 22 20 **Pr Hc S**
29 Brest Lycée Javouhey
02 98 45 17 70 **Pr Sc S**
30 Nîmes IFC Association
04 66 29 74 26 **Pr Hc S**
30 Nîmes Lycée de la CCI
04 66 87 97 19 **Pr Sc S**
31 Labège Esarc Évolution 05 61 39 97 98
Pr Hc Int hors étab **S**
31 Toulouse Alternance formation
05 34 25 82 55 **Pr Hc S**
31 Toulouse École Vidal 05 62 21 32 25 **Pr Hc S**
31 Toulouse Lycée Ozenne
05 61 11 58 00 **Public S**
31 Toulouse Lycée Rive-Gauche
05 61 43 21 21 **Public** Int GF **S**
33 Bordeaux Cifa PME 05 57 22 42 30
CFA privé A
33 Bordeaux Formasup Campus
05 56 34 01 73 **Pr Hc S**
33 Bordeaux Lycée Ste-Marie Bastide
05 57 80 12 00 **Pr Sc S**
33 Bordeaux Sup de pub - Inseec
05 56 01 22 09 **Pr Hc S**
33 Mérignac Esarc Évolution
05 56 12 81 82 **Pr Hc S**
33 Talence Lycée V Louis
05 56 80 76 40 **Public** Int GF **S**
34 Montpellier Cours Diderot
04 67 920 910 **Pr Hc S**
34 Montpellier Duclaux 04 67 92 15 45
Pr Hc S
34 Montpellier Esarc Évolution
04 67 91 31 41 **Pr Hc S**
34 Montpellier IFC Montpellier
04 67 65 50 85 **Pr Hc S**
34 Montpellier Iscom 04 67 10 57 74
Pr Hc S
34 Montpellier Lycée J Monnet
04 67 10 36 00 **Public** Int GF **S**
35 Cesson-Sévigné Ecofac Business School (ex-Ister) 02 23 30 00 11 **Pr Hc S**
35 Rennes École Aftec de Rennes
02 99 86 11 00 **Pr Hc S**
35 Rennes Esup 02 99 31 42 43 **Pr Hc S**
35 Rennes IGC Formatives
02 23 21 07 07 **Pr Hc S**
35 Rennes Lycée J d'Arc 02 99 84 30 30
Pr Sc Int GF **S**
35 Vitré Lycée B d'Argentré
02 99 75 05 50 **Public** Int GF **S**
37 Chambray-lès-Tours Lycée Ste-Marguerite 02 47 74 80 00 **Pr Sc S**
37 Tours CFSA 02 47 36 20 50
CFA privé A
37 Tours LP St-Vincent de Paul
02 47 36 32 00 **Pr Sc** Int GF **S**
38 Corenc Lycée Itec-Boisfleury
04 76 90 12 16 **Pr Sc S**
38 Grenoble École Faugier
04 76 48 15 48 **Pr Hc S**
38 Seyssinet-Pariset Lycée A Bergès
04 76 26 42 42 **Public S**
38 Vienne Lycée E Fitzgerald
04 74 53 74 53 **Public** Int GF **S**
42 Saint-Étienne Institut pour la formation et le conseil 04 77 92 11 50 **Pr Hc S**
42 Saint-Étienne Lycée H d'Urfé 04 77 57 38 58 **Public** Int GF **S**
43 Le Puy-en-Velay Lycée A M Martel
04 71 05 46 66 **Pr Sc** Int GF **S**
44 Nantes Ensec 02 40 48 41 13 **Pr Sc S**
44 Nantes Institut supérieur de management des entreprises
02 40 50 56 37 **Pr Hc S**
44 Nantes Lycée Carcouet
02 40 16 18 18 **Public S**
44 Nantes Lycée St-Félix - La Salle
02 44 76 35 00 **Pr Sc** Int GF **S**
44 Nantes Sup de Com 02 72 34 18 12
Pr Hc S
44 Saint-Herblain École Pigier
02 40 35 28 82 **Pr Hc** S
45 Orléans CFSA 02 38 22 13 00 **Public A**
45 Orléans Lycée St-Paul Bourdon Blanc
02 38 78 13 00 **Pr Sc** Int GF **S**
45 Orléans Lycée Voltaire
02 38 63 36 20 **Public** Int GF **S**
47 Agen Lycée B Palissy 05 53 77 46 50
Public Int GF **S**
48 Mende Lycée Notre-Dame
04 66 49 14 57 **Pr Sc** Int GF **S**
49 Angers ESPL 02 41 73 20 30 **Pr Hc S**
49 Angers Icoges 02 41 25 35 15 **Pr Hc S**
49 Angers Lycée A et J Renoir
02 41 72 10 50 **Public S**
49 Cholet Lycée Ste-Marie 02 41 49 16 49
Pr Sc Int GF **S**
50 Saint-Lô Lycée Curie-Corot
02 33 75 67 67 **Public** Int GF **S**
51 Reims Esupcom 03 26 86 64 64
Pr Hc S
51 Reims Lycée St-Michel
03 26 77 62 82 **Pr Sc S**
53 Laval Lycée d'Avesnières
02 43 02 82 82 **Pr Sc** Int F **S**
54 Ludres Formaction Institut
03 54 95 57 41 **Pr Hc S**
55 Verdun Lycée Ste Anne
03 29 83 36 50 **Pr Sc** Int GF **S**
56 Ploemeur Lycée Notre-Dame de la Paix 02 97 37 20 68 **Pr Sc** Int GF **S**
57 Metz Lycée de la communication
03 87 75 87 00 **Public** Int GF **S**
59 Cambrai Lycée St-Luc - La Sagesse
03 27 82 28 28 **Pr Sc** Int GF **S**
59 Camphin-en-Pévéle École des métiers du sport professionnel
03 20 17 75 27 **Pr Hc** Int G **S**
59 Condé-sur-l'Escaut Lycée du Pays de Condé 03 27 09 64 40 **Public S**
59 Lille Cesacom 03 20 78 81 18 **Pr Hc S**
59 Lille Efficom 03 20 15 16 77 **Pr Hc S**
59 Lille Esupcom 03 20 40 00 12 **Pr Hc S**

Int GF : internat garçons-filles
Pr Hc : privé hors contrat
Pr Sc : privé sous contrat
A : statut de l'élève « apprenti »
S : statut de l'élève « scolaire »

BTS communication (suite)

59 Lille Isefac Bachelor 03 20 42 78 50 **Pr Hc S**
59 Lille Lycée G Berger 03 20 49 31 59 **Public S**
59 Roubaix Lycée St-Rémi 03 20 89 41 41 **Pr Sc S**
60 Beauvais Lycée J Hachette 03 44 06 73 73 **Public** Int GF **S**
62 Béthune Lycée A Malraux 03 21 64 61 61 **Public** Int GF **S**
62 Saint-Martin-Boulogne Lycée St-Joseph 03 21 99 06 99 **Pr Sc S**
63 Clermont-Ferrand École supérieure de commerce et de management 04 63 30 11 30 **Pr Hc S**
64 Bayonne Cifa PME 05 59 46 35 50 **CFA privé A**
64 Bayonne Epseco 05 59 55 89 55 **Pr Hc S**
64 Pau Lycée St-Dominique 05 59 32 01 23 **Pr Sc** Int GF **S**
66 Perpignan IFC Perpignan 04 68 67 42 89 **Pr Hc S**
66 Perpignan Lycée A Maillol 04 68 52 65 65 **Public** Int GF **S**
67 Strasbourg École Europe technique 03 88 60 79 79 **Pr Hc S**
67 Strasbourg Iesa 03 88 37 13 12 **Pr Hc S**
67 Strasbourg Lycée R Cassin 03 88 45 54 54 **Public S**
67 Strasbourg Lycée Ste-Clotilde 03 88 45 57 20 **Pr Sc** Int F **S**
67 Strasbourg Pigier 03 88 37 59 00 **Pr Hc S**
69 Lyon Carrel - École supérieure des métiers de la vente 04 72 71 56 46 **Pr Hc S**
69 Lyon CFA bureautique et métiers tertiaires 04 72 85 71 37 **CFA privé A**
69 Lyon Icoges 04 72 68 78 30 **Pr Hc S**
69 Lyon Iscom 04 72 91 36 04 **Pr Hc** S
69 Lyon Lycée La Martinière Duchère 04 72 17 29 50 **Public** Int GF **S**
69 Lyon Lycée St-Louis - St-Bruno 04 72 98 23 30 **Pr Sc** Int GF **S**
69 Lyon Sup de com (groupe Idrac) 04 72 85 73 57 **Pr reconnu S**
69 Saint-Priest Lycée Condorcet 04 72 23 15 15 **Public S**
74 Annecy-le-Vieux Ecoris Annecy 04 50 09 27 98 **Pr Hc S**
75 Paris ACE-CFA Association des comptables enseignement 01 49 21 43 40 **CFA privé A**
75 Paris Centre d'études supérieures alternées en communication 01 83 64 75 22 **Pr Hc S**
75 Paris CFA Cerfal 01 40 52 28 70 **CFA privé A**
75 Paris CFA IGS 01 80 97 47 00 **CFA privé A**
75 Paris CFA IMC 01 53 32 53 00 **CFA privé A**
75 Paris Cours Diderot 01 49 23 75 75 **Pr Hc** Int hors étab **S**
75 Paris Cours Socrate 01 46 28 80 20 **Pr Hc S**
75 Paris École Pigier 01 55 07 07 55 **Pr Hc S**
75 Paris École supérieure de publicité et marketing 01 47 27 77 49 **Pr Hc S**
75 Paris ENC 01 44 85 85 00 **Public S**
75 Paris EPH 01 42 61 58 51 **Pr Hc S**
75 Paris EPPREP 01 55 28 82 82 **Pr Hc S**
75 Paris ESVE 01 55 56 36 36 **Pr Hc S**
75 Paris ETS 01 44 29 23 60 **Pr Hc S**
75 Paris Icoges 01 45 58 17 33 / 01 55 26 95 70 **Pr Hc S**
75 Paris IICP 01 55 28 82 82 **Pr Hc S**
75 Paris Iscom 01 55 07 07 77 **Pr Hc S**
75 Paris Isefac Bachelor 01 47 70 85 03 **Pr Hc S**
75 Paris Itic 01 43 73 20 40 **Pr Hc S**
75 Paris LPO J Lurçat 01 44 08 70 20 **Public S** ou **A**
75 Paris Lycée Carcado Saisseval 01 45 48 43 46 **Pr Sc S**
75 Paris Lycée des Petits Champs 01 43 67 59 59 **Pr Sc A**
75 Paris Lycée Passy St-Honoré 01 53 70 12 70 **Pr Sc S**
75 Paris Lycée S Germain 01 44 54 81 54 **Public S**
75 Paris Plus Values - Site Paris Ouest 01 45 61 25 25 **Pr Hc S**
75 Paris Progress Com 01 49 23 73 41 **Pr Hc S**
75 Paris Sup de pub - Groupe Inseec 01 56 07 00 00 **Pr Hc S**
76 Le Havre Lycée St-Joseph 02 35 46 51 52 **Pr Sc S**
76 Rouen Iscom 02 35 61 99 60 **Pr Hc S**
76 Rouen Lycée J d'Arc 02 32 08 10 00 **Public** Int GF **S**
78 Maisons-Laffitte Esup/CPEA 01 39 12 00 09 **Pr Hc S**
78 Montigny-le-Bretonneux École Pigier 01 34 52 70 70 **Pr Hc S**
78 Montigny-le-Bretonneux Ensup 01 61 38 05 75 **Pr Hc S**
78 Verneuil-sur-Seine Lycée Notre-Dame Les Oiseaux 01 39 28 15 00 **Pr Sc** Int F **A**
80 Amiens Lycée St-Rémi 03 22 71 23 00 **Pr Sc** Int F **S**
81 Albi Lycée Ste-Cécile 05 63 46 16 66 **Pr Sc** Int F **S**
84 Avignon IFC Provence 04 90 14 15 90 **Pr Hc S**
87 Limoges ES2C 05 55 38 48 58 **Pr Hc S**
91 Brunoy Lycée St-Pierre 01 60 47 99 99 **Pr Sc S**
92 Montrouge Efficom 01 41 17 12 12 **Pr Hc S**
92 Montrouge Esupcom 01 41 17 12 12 **Pr Hc S**
92 Puteaux CFA AGEFA-PME Ile-de-France 01 49 03 71 20 **CFA privé A**
92 Rueil-Malmaison Lycée G Eiffel 01 55 47 13 13 **Public S**
92 Vaucresson Lycée P. Suger 01 47 41 10 44 **Pr Sc** Int F **S**
93 Aulnay-sous-Bois Lycée J Zay 01 48 66 04 98 **Public S**
93 Bagnolet CFA de la communication visuelle et du multimédia 01 55 82 41 51 **CFA privé A**
93 La Courneuve Lycée J Brel 01 43 11 36 00 **Public S**
93 Montreuil Plus Values site Paris-Est 01 48 70 07 00 **Pr Hc S**
94 Chennevières-sur-Marne Lycée Champlain 01 56 86 19 10 **Public S**
94 Créteil Suptek 01 78 12 15 15 **Pr Hc S**
94 Vincennes Lycée G Mendel 01 49 57 97 00 **Pr Sc S**
95 Cergy Lycée Galilée 01 34 41 74 20 **Public S**
971 Basse-Terre Lycée Gerville Réache 05 90 81 16 27 **Public** Int GF **S**
971 Pointe-à-Pitre Institut de management et de marketing supérieur de commerce Caraïbes 0590 48 07 90 **Pr Hc S**
971 Pointe-à-Pitre LP Boc Calmet 05 90 82 03 73 **Pr Sc S**
972 Fort-de-France Lycée de l'Union 05 96 64 35 00 **Pr Sc S**
973 Saint-Laurent-du-Maroni Lycée Lumina Sophie 0594 34 09 40 **Public S**
974 Saint-Denis CCI formation nord - CFA 02 62 48 35 05 **Consulaire A**
974 Saint-Denis Lycée Leconte de Lisle 02 62 94 79 20 **Public** Int GF **S**
988 Nouméa Lycée Lapérouse 00 687 28 33 60 **Public** Int GF **S**

BTS MANAGEMENT DES UNITÉS COMMERCIALES (MUC)

Ce BTS est proposé dans 626 établissements, sur tout le territoire, dont 152 avec apprentissage. Pour obtenir leurs coordonnées, rendez-vous sur www.onisep.fr.

BTS NÉGOCIATION ET RELATION CLIENT (NRC)

Ce BTS est proposé dans 459 établissements, sur tout le territoire, dont 133 avec apprentissage. Pour obtenir leurs coordonnées, rendez-vous sur www.onisep.fr.

BTS TECHNICO-COMMERCIAL

01 Ambérieu-en-Bugey Lycée de la Plaine 04 74 38 17 24 **Public** Int hors étab **S**
02 Chauny Lycée Gay Lussac 03 23 40 20 50 **Public** Int GF **A**
03 Désertines CFAI d'Auvergne 04 70 28 23 12 CFA **privé** Int hors étab **A**
03 Montluçon Lycée P Constans 04 70 08 19 30 **Public** Int GF **S**
06 Grasse Lycée Amiral de Grasse 04 93 40 63 80 **Public** Int GF **S**
08 Charleville-Mézières Lycée F Bazin 03 24 56 81 56 **Public** Int GF **S**
09 Saverdun LP Docteur P Tissié 05 61 67 95 40 **Public** Int GF **A**
10 Romilly-sur-Seine Lycée Joliot-Curie 03 25 24 99 34 **Public** Int GF **S**
13 Marseille Lycée du Rempart 04 91 14 32 80 **Public** **S**
13 Marseille Lycée J Perrin 04 91 74 29 30 **Public** Int GF **S**
13 Marseille Lycée St-Vincent de Paul 04 91 37 48 86 **Pr Sc** **S**
17 Pons Lycée E Combes 05 46 91 86 00 **Public** Int GF **S**
17 Royan LP de l'Atlantique 05 46 23 55 00 **Public** Int GF **A**
19 Brive-la-Gaillarde Lycée G Cabanis 05 55 87 38 50 **Public** Int GF **S**
21 Dijon Lycée Les Marcs d'Or 03 80 41 00 60 **Public** Int GF **S**
22 Lamballe Lycée H Avril 02 96 50 70 70 **Public** Int GF **S**
22 Saint-Brieuc Pôle supérieur lycée Saint Brieuc 02 96 94 31 11 **Pr Sc** **S**
25 Montbéliard Lycée G Cuvier 03 81 90 77 40 **Public** Int GF **S**
26 Romans-sur-Isère Lycée du Dauphiné 04 75 02 28 93 **Public** Int GF **S**
27 Louviers Lycée Les Fontenelles 02 32 40 92 60 **Public** Int GF **S**
29 Landerneau Lycée de l'Elorn 02 98 85 12 71 **Public** Int GF **S**
30 Nîmes LP G Darboux 04 66 62 90 30 **Public** Int GF **A**
30 Nîmes LP J Raimu 04 66 64 20 33 **Public** Int GF **A**
30 Nîmes Lycée Dhuoda 04 66 04 85 85 **Public** Int GF **A**
30 Nîmes Lycée P Lamour 04 66 38 86 00 **Public** **S**
31 Labège ESIMode 05 62 71 65 40 **Pr Hc** **S**
31 Toulouse Lycée Myriam 05 61 14 71 47 **Pr Sc** **S**
31 Toulouse Lycée S Hessel 05 34 25 52 55 **Public** Int GF **S** ou **A**
32 Mirande Lycée A Fournier 05 62 66 60 08 **Public** Int GF **S**
33 Gujan-Mestras CFA des métiers de la mer 05 56 22 39 50 **Public** Int GF **A**
33 Pessac Lycée Pape Clément 05 57 26 63 00 **Public** Int GF **S** ou **A**
34 Béziers LP Le Sacré-Cœur 04 67 49 83 40 **Pr Sc** Int GF **S**
34 Montpellier Lycée J Mermoz 04 67 20 60 00 **Public** Int GF **A**
35 Fougères Lycée J Guéhenno 02 99 99 22 87 **Public** Int GF **S**
35 Javené CFA de l'industrie de Bretagne 02 99 94 75 75 **CFA privé** **A**
35 Rennes Lycée Joliot Curie 02 99 28 81 00 **Public** Int GF **S**
36 Châteauroux Lycée B Pascal 02 54 53 55 00 **Public** Int GF **S**
37 Tours Lycée Grandmont 02 47 48 78 78 **Public** Int GF **S**
38 Grenoble Lycée Vaucanson 04 76 96 55 18 **Public** Int GF **S**
38 Pont-de-Chéruy Lycée La Pléiade 04 72 46 92 00 **Public** **S**
38 Saint-Martin-d'Hères CFP Charmilles 04 76 03 74 00 **Pr Hc** **A**
39 Dole Lycée J Duhamel 03 84 79 78 00 **Public** Int GF **S**
39 Dole Lycée Pasteur Mont-Roland 03 84 79 66 01 **Pr Sc** Int GF **A**
39 Mouchard Lycée du Bois 03 84 73 74 00 **Public** Int GF **S** ou **A**
40 Saint-Paul-lès-Dax Lycée H Tazieff 05 58 91 33 40 **Public** Int GF **S**
41 Blois Lycée A Thierry 02 54 56 29 00 **Public** Int GF **S**
42 Montbrison Lycée de Beauregard 04 77 96 71 71 **Public** Int GF **S**
42 Montbrison MFR du Parc 04 77 58 07 18 **Pr Sc** Int G **A**
42 Rive-de-Gier Lycée G Brassens 04 77 75 00 26 **Public** **S**
42 Saint-Étienne CFAI Loire - St-Étienne 04 77 92 89 89 **CFA privé** **A**
43 Monistrol-sur-Loire Lycée L de Vinci 04 71 61 73 30 **Public** Int GF **S** ou **A**
44 Nantes CFA CCI Nantes St-Nazaire - ACCIPIO 02 40 44 60 65 **Consulaire** **A**
44 Nantes Ensec 02 40 48 41 13 **Pr Sc** **S**
44 Rezé Lycée J Perrin 02 40 32 44 00 **Public** Int GF **S**
45 La Chapelle-Saint-Mesmin CFAI Centre 02 38 22 33 10 **CFA privé** Int GF **A**
45 Montargis CFA Est-Loiret 02 38 98 05 92 **Public** Int GF **A**
45 Orléans Lycée Ste-Croix St-Euverte 02 38 52 27 00 **Pr Sc** Int GF **S**
47 Marmande Lycée Val-de-Garonne 05 53 76 02 50 **Public** Int GF **S**
50 Cherbourg-Octeville Lycée A de Tocqueville 02 33 88 35 00 **Public** Int GF **S**
50 Granville Lycée Julliot de la Morandière 02 33 90 74 77 **Public** Int GF **A**
50 Saint-Hilaire-du-Harcouët Lycée C Lehec 02 33 79 06 80 **Public** Int GF **S** ou **A**
50 Saint-Lô Lycée Curie-Corot 02 33 75 67 67 **Public** Int GF **S**
51 Reims CFA de l'industrie de Champagne Ardenne 03 26 89 60 00 **Pr Sc** **A**
52 Saint-Dizier CFA de l'industrie de Champagne Ardenne (CFAI) 03 25 07 52 00 **Consulaire** Int GF **A**
52 Saint-Dizier LP privé 03 25 56 51 73 **Pr Sc** Int GF **A**
52 Saint-Dizier Lycée général et technologique privé 03 25 56 51 73 **Pr Sc** Int GF **A**
54 Nancy Lycée Henri Loritz 03 83 36 75 42 **Public** Int GF **A**
56 Ploemeur Lycée Notre-Dame de la Paix 02 97 37 20 68 **Pr Sc** Int GF **S**
57 Sarreguemines CFA Henri Nominé 03 87 95 05 50 **Public** Int GF **A**
57 Sarreguemines Lycée des métiers des services aux entreprises H Nominé 03 87 95 31 32 **Public** Int GF **S**
57 Thionville Lycée des métiers des sciences et des techniques La Briquerie 03 82 53 27 60 **Public** Int G **A**
59 Denain Lycée A Kastler 03 27 44 24 10 **Public** Int GF **S**
59 Grande-Synthe Lycée du Noordover 03 28 21 63 60 **Public** **S**
59 Lille Lycée Baggio 03 20 88 67 88 **Public** Int GF **A**
59 Lille Lycée G Berger 03 20 49 31 59 **Public** **S**
59 Marcq-en-Barœul CFAI - région Nord-Pas-de-Calais 03 20 94 76 73 **CFA privé** **A**

Int GF : internat garçons-filles
Pr Hc : privé hors contrat
Pr Sc : privé sous contrat
A : statut de l'élève « apprenti »
S : statut de l'élève « scolaire »

BTS technico-commercial (suite)

59 Maubeuge Lycée A Lurçat 03 27 53 72 00 **Public S**
59 Roubaix Lycée St-Rémi 03 20 89 41 41 **Pr Sc S**
59 Tourcoing EIC Lycée polyvalent privé industriel et commercial 03 20 69 93 60 **Pr Sc S** ou **A**
60 Beauvais Lycée F Faure 03 44 48 64 64 **Public S**
60 Compiègne Lycée M Grenet 03 44 92 28 00 **Public** Int GF **S**
60 Creil Lycée J Uhry 03 44 64 75 44 **Public** Int GF **S**
60 Senlis Promeo 03 44 63 81 63 **CFA privé** Int hors étab **A**
62 Arras LP J le Caron 03 21 21 50 00 **Public** Int GF S
62 Arras Lycée Baudimont St-Charles 03 21 16 18 00 **Pr Sc** Int GF **S**
62 Bruay-la-Buissière Lycée Carnot 03 21 64 65 00 **Public S**
62 Lens Lycée A Behal 03 21 14 21 14 **Public S**
63 Issoire Lycée Sévigné St-Louis 04 73 89 18 95 **Pr Sc** Int GF **S**
64 Pau Lycée St-Cricq 05 59 30 50 55 **Public** Int GF **S** ou **A**
65 Tarbes Lycée Pradeau-La Sède St-Pierre 05 62 44 20 66 **Pr Sc A**
66 Perpignan Lycée F Arago 04 68 68 19 29 **Public** Int GF **S** ou **A**
67 Haguenau Lycée Ste-Philomène 03 88 07 15 15 **Pr Sc** Int hors étab **S**
67 Molsheim Lycée H Meck 03 88 49 44 88 **Public** Int hors étab **S**
67 Sélestat Lycée JB Schwilgué 03 88 58 83 00 **Public** Int GF **S** ou **A**
67 Strasbourg CFA de la CCI d'Alsace 03 88 43 08 80 **Consulaire A**
68 Mulhouse CFA de la CCI d'Alsace 03 89 33 35 33 **Consulaire A**
68 Mulhouse Pro Format 03 89 60 09 60 **Pr Hc** S
68 Saint-Louis CFA du lycée J Mermoz 03 89 70 22 70/71 **Public** Int GF **A**
68 Saint-Louis Lycée J Mermoz 03 89 70 22 70 **Public** Int GF **S**
69 Lyon Lycée JB de La Salle 04 72 10 10 30 **Pr Sc** Int hors étab **S** ou **A**
69 Vaulx-en-Velin Lycée R Doisneau 04 78 79 52 80 **Public S** ou **A**
70 Lure Lycée G Colomb 03 84 89 03 80 **Public** Int GF **S**
71 Chalon-sur-Saône CFA I 21-71 03 85 42 18 21 **CFA privé** Int hors étab **A**
71 Cluny Lycée La Prat's 03 85 59 57 00 **Public** Int GF **S** ou **A**
71 Mâcon Lycée R Cassin 03 85 39 53 50 **Public** Int GF **S**
72 Sablé-sur-Sarthe Lycée Raphaël Elizé 02 43 62 46 50 **Public** Int GF **S**
73 La Motte-Servolex CFAI de Savoie 04 79 65 05 25 **CFA privé** Int GF **A**
74 Passy Lycée Mont Blanc R Dayve 04 50 78 14 43 **Public** Int GF **S**
75 Paris CFA Codis commerce-distribution-services 01 80 97 45 19 **CFA privé A**
75 Paris Itic 01 43 73 20 40 **Pr Hc S**
75 Paris Lycée A de Mun 01 43 06 33 09 **Pr Sc S** ou **A**
75 Paris Lycée du BTP 01 53 98 98 00 **Public S** ou **A**
75 Paris Lycée E Lemonnier 01 43 45 82 21 **Public S**
75 Paris Lycée L de Vinci 01 53 68 05 25 **Public S**
75 Paris Lycée Raspail 01 40 52 73 00 **Public S** ou **A**
76 Elbeuf CFA-IFA 02 35 87 26 04 **Consulaire A**
76 Fécamp Lycée G de Maupassant 02 35 10 24 24 **Public** Int GF **S**
78 Montigny-le-Bretonneux CFA-IFA R Delorozoy 01 30 48 80 00 **Consulaire A**
79 Niort Lycée P Guérin 05 49 34 22 22 **Public** Int GF **S** ou **A**
79 Niort Sup'TG Niort 05 49 28 79 66 **Consulaire A**
80 Amiens Lycée E Branly 03 22 53 49 60 **Public** Int GF **S**
81 Albi Lycée L Rascol 05 63 48 25 00 **Public** Int GF **S**
83 La Seyne-sur-Mer IPFM 04 94 10 26 80 **Consulaire A**
83 La Seyne-sur-Mer Lycée Beaussier 04 94 11 21 61 **Public S**
83 Le Muy Lycée du Val d'Argens 04 94 17 88 50 **Public** Int GF **S**
84 Avignon CFA de l'industrie du Vaucluse 04 90 81 54 50 **CFA privé A**
84 Pertuis CFAI 84 - Antenne de Pertuis 04 90 77 05 94 **CFA privé A**
85 La Roche-sur-Yon CFA de la Chambre de métiers - Esfora 02 51 36 53 00 **Consulaire** Int GF **A**
85 La Roche-sur-Yon Lycée Notre-Dame du Roc 02 51 47 74 74 **Pr Sc S**
85 Olonne-sur-Mer LP E Tabarly 02 51 95 10 00 **Public** Int G **A**
88 Épinal Lycée ND St Joseph 03 29 64 43 43 **Pr Sc** Int GF **S**
88 Remiremont Lycée des métiers A Malraux 03 29 62 49 23 **Public** Int GF **S**
91 Évry CFA Faculté des métiers de l'Essonne 01 60 79 74 00 **Consulaire A**
91 Massy Lycée Parc de Vilgénis 01 69 53 74 00 **Public S**
92 Issy-les-Moulineaux CFA Aforp 01 41 46 09 10 **CFA privé A**
92 Issy-les-Moulineaux Isifa 01 40 95 10 11 **CFA privé A**
92 Issy-les-Moulineaux Lycée La Salle 01 41 46 15 15 **Pr Sc** Int GF **S**
92 Rueil-Malmaison Lycée Richelieu 01 58 83 20 10 **Public S**
93 Aubervilliers Lycée Le Corbusier 01 48 33 74 57 **Public S**
93 Aulnay-sous-Bois Lycée Voillaume 01 48 19 31 93 **Public** Int GF **S**
93 Drancy CFA Aforp 01 43 11 10 76 **CFA privé A**
94 Alfortville CFA Afanem 01 43 53 51 85 **CFA privé A**
94 Saint-Maur-des-Fossés Lycée F Mansart 01 48 83 48 80 **Public S**
94 Vitry-sur-Seine Lycée J Macé 01 45 73 63 00 **Public S**
95 Enghien-les-Bains Lycée polyvalent Gustave Monod 01 39 89 32 41 **Public S**
95 Osny CFA CCIV IFA Adolphe Chauvin 01 30 75 38 38 **Consulaire A**
971 Lamentin LP B Juminer 05 90 25 44 42 **Public** Int G **S** ou **A**
971 Les Abymes Lycée Chevalier de St-Georges 05 90 82 06 02 **Public S**
972 Ducos BTP CFA Amep 05 96 77 15 88 **CFA privé A**
972 Fort-de-France Lycée J Gaillard 05 96 61 99 10 **Public S**
974 Le Port Lycée J Hinglo 02 62 71 19 00 **Public** Int GF **A**
974 Le Tampon Lycée P Lagourgue 02 62 96 49 49 **Public** Int hors étab **S**
988 Nouméa Lycée J Garnier 00 687 24 35 55 **Public** Int GF **S**

DUT

Sont présentés ici les deux diplômes universitaires de technologie (DUT) pouvant mener aux métiers du marketing, de la publicité et de la vente. Les établissements de formation sont classés par départements. Les formations proposées en apprentissage sont indiquées avec un **A**. Celles portant la mention **AS** pour année spéciale se déroulent sur 1 an au lieu de 2 (dispositif réservé aux étudiants ayant déjà validé 2 années dans l'enseignement supérieur).

DUT INFORMATION-COMMUNICATION

Opt 1: communication des organisations

Opt 2: information numérique dans les organisations

Opt 3: journalisme

Opt 4: métiers du livre et du patrimoine

Opt 5: publicité

06 Cannes IUT de Nice - Côte d'Azur 04 97 06 61 20 **opt 3: S**
06 Valbonne IUT de Nice 04 93 95 51 00 **opt 1: S**
12 Millau IUT de Rodez 05 65 77 10 80 **opt 1: S**
12 Rodez IUT 05 65 77 10 80 **opt 1: S**
13 Aix-en-Provence IUT 04 42 93 90 00 **opt 4: S**
14 Ifs IUT antenne d'Ifs 02 31 52 55 00 **opt 1: S, opt 5: S**
21 Dijon IUT 03 80 39 65 95 **opt 2: S, opt 4: S AS**
22 Lannion IUT 02 96 46 93 00 **opt 1: S, opt 3: S**
25 Besançon IUT 03 81 66 68 21 (ou 22) **opt 1: S, opt 2: S, opt 5: S**
31 Toulouse IUT A Paul Sabatier 05 62 25 80 30 **opt 1: S, opt 2: S AS**
33 Bordeaux IUT Bordeaux Montaigne 05 57 12 20 44 **opt 1: S AS, opt 2: S AS, opt 4: S AS, opt 5: S**
37 Tours IUT 02 47 36 75 81 **opt 1: S, opt 2: S, opt 3: S AS**
38 Grenoble IUT 2 04 76 28 45 09 **opt 1: S, opt 2: S AS, opt 4: S AS**
54 Nancy IUT Nancy-Charlemagne 03 54 50 38 00 **opt 1: S AS, opt 2: S AS, opt 4: S AS, opt 5: S AS**
59 Tourcoing IUT B 03 20 76 25 00/97 **opt 1: S, opt 4: S**
67 Illkirch-Graffenstaden IUT R Schuman 03 68 85 89 10 **opt 1: S, opt 2: S** ou **A, opt 5: S**
69 Lyon IUT J Moulin 04 81 65 26 00 **opt 1: S, opt 2: S**
75 Paris IUT Paris 5 01 42 86 47 23/22/24 **opt 1: S, opt 4: S, opt 5: S**
76 Le Havre IUT 02 32 74 46 00 **opt 2: S, opt 4: S AS, opt 5: S**
85 La Roche-sur-Yon IUT 02 51 47 84 40 **opt 1: S, opt 4: S**
92 Saint-Cloud IUT de Ville d'Avray 01 40 97 98 66 **opt 4: S AS**
93 Montreuil IUT 01 48 70 37 00 **opt 1: S**

DUT TECHNIQUES DE COMMERCIALISATION

02 Laon IUT de l'Aisne 03 23 26 01 48 **S** ou **A**
03 Montluçon IUT d'Allier 04 70 02 20 00 **S**
03 Moulins IUT d'Allier 04 70 46 86 10 **S**
06 Cannes IUT de Nice 04 93 90 53 50 **S** ou **A**
06 Nice IUT 04 97 25 82 00 **S** ou **A**
08 Charleville-Mézières IUT 03 24 59 75 40 **S**
10 Troyes IUT 03 25 42 46 46 **S** ou **A**
11 Carcassonne IUT de Perpignan 04 68 47 71 60 **S**
13 Aix-en-Provence IUT 04 42 93 90 00 **S** ou **A**
13 Marseille IUT 04 91 28 93 00 **S**
14 Caen IUT 02 31 56 70 00 **S**
14 Lisieux IUT antenne de Lisieux 02 31 48 44 00 **S**
16 Angoulême IUT 05 45 67 32 07 **S**
17 La Rochelle IUT 05 46 51 39 00 **S AS**
20B Corte IUT 04 95 61 16 52 **S** ou **A**
22 Saint-Brieuc IUT 02 96 60 96 60 **S**
24 Périgueux IUT de Bordeaux 05 53 02 58 58 **S** ou **A**
26 Valence IUT 04 75 41 88 00 **S AS**
27 Évreux IUT 02 32 29 15 03 **S**
29 Quimper IUT 02 98 90 02 27 **S** ou **A AS**
31 Toulouse IUT A Paul Sabatier 05 62 25 80 30 **S**
33 Bordeaux IUT 05 56 00 95 56 **S** ou **A AS**
34 Béziers IUT 04 67 11 60 00 **S** ou **A**
34 Montpellier IUT 04 99 58 50 40 **S** ou **A AS**
36 Issoudun IUT 02 54 03 59 03 **S** ou **A**
37 Tours IUT 02 47 36 75 81 **S** ou **A**
38 Grenoble IUT 2 04 76 28 45 09 **S AS**
42 Roanne IUT 04 77 44 89 00 **S**
42 Saint-Étienne IUT 04 77 46 33 00 **S**
44 Saint-Nazaire IUT 02 40 17 81 59 **S** ou **A AS**
46 Figeac IUT 05 65 50 30 60 **S** ou **A**
49 Angers IUT 02 44 68 87 00 **S** ou **A**
50 Cherbourg-Octeville IUT 02 33 01 45 00 **S**
51 Châlons-en-Champagne CFA interprofessionnel de la Marne 03 26 69 25 85 **A**
51 Reims IUT L de Reims-Châlons- Charleville 03 26 91 30 71 **S** ou **A AS**
53 Laval IUT 02 43 59 49 01 **S**
54 Nancy IUT Charlemagne 03 54 50 38 00 **S** ou **A**
56 Vannes IUT 02 97 62 64 64 **S**
57 Metz IUT 03 87 31 31 52 **S** ou **A AS**
57 Yutz IUT de Thionville 03 82 82 06 00 **S**
59 Cambrai IUT de Valenciennes, campus de Cambrai 03 27 72 33 30 **S** ou **A**
59 Dunkerque IUT du Littoral 03 28 23 70 00 **S** ou **A**
59 Roubaix IUT C 03 28 33 36 20 **S** ou **A**
59 Valenciennes IUT de Valenciennes 03 27 51 12 52 **S** ou **A AS**
60 Beauvais IUT de l'Oise 03 44 06 88 62 **S** ou **A**
60 Creil IUT de l'Oise 03 44 64 46 46 **S**
62 Lens IUT 03 21 79 32 32/34 **S** ou **A**
64 Bayonne IUT Pays Basque - Site de Bayonne 05 59 57 43 03 **S**
65 Tarbes IUT Toulouse III 05 62 44 42 00 **S**
67 Illkirch-Graffenstaden IUT R Schuman 03 68 85 89 10 **S**
68 Colmar IUT 03 89 20 23 58 **S** ou **A**
69 Villeurbanne IUT Lyon 1 (site Gratte-ciel) 04 72 65 53 53 **S AS**
71 Le Creusot IUT 03 85 73 10 10 **S AS**
73 Le Bourget-du-Lac Cesni 04 79 25 32 54 **S**
74 Annecy-le-Vieux IUT 04 50 09 22 22 **S**
75 Paris IUT Paris 5 01 42 86 47 23/22/24 **S** ou **A**
76 Le Havre IUT 02 32 74 46 00 **S**
76 Rouen IUT 02 35 14 60 14 **S** ou **A**
77 Champs-sur-Marne IUT de Marne-la-Vallée 01 60 95 85 85 **A**
77 Fontainebleau IUT de Seine-et-Marne Sud (site Fontainebleau) 01 60 74 68 00 **S**
77 Lieusaint IUT de Seine-et-Marne Sud (site Sénart) 01 64 13 44 88 **S** ou **A**
77 Meaux IUT de Marne-la-Vallée 01 64 36 44 10 **S**
78 Mantes-la-Jolie IUT de Mantes-en-Yvelines 01 30 98 13 62 **S** ou **A**
78 Rambouillet IUT de Vélizy (site Rambouillet) 01 30 46 58 20 **S** ou **A**
80 Amiens IUT 03 22 53 40 40 **S** ou **A AS**
81 Castres IUT P Sabatier 05 63 62 11 50 **S** ou **A**
83 La Garde IUT de Toulon - Site de La Garde 04 94 14 22 08 **S** ou **A**
84 Avignon IUT 04 90 84 14 00 **S** ou **A**
86 Châtellerault IUT 05 49 02 52 22 **S**
87 Limoges IUT 05 55 43 43 55 **S** ou **A AS**
88 Épinal IUT 03 54 50 48 00 **S**
89 Auxerre IUT 03 80 39 65 95 **S** ou **A**
90 Belfort IUT 03 84 58 77 12 **S**
91 Évry IUT site Romero 01 69 47 73 67 **S** ou **A**
91 Juvisy-sur-Orge IUT d'Évry (site Juvisy-sur-Orge) 01 69 56 56 29 **S** ou **A**
92 Sceaux IUT 01 40 91 24 99 **S** ou **A AS**
93 Saint-Denis IUT 01 49 40 61 00 **S** ou **A AS**

Int GF : internat garçons-filles
Pr Hc : privé hors contrat
Pr Sc : privé sous contrat
A : statut de l'élève « apprenti »
S : statut de l'élève « scolaire »

DUT techniques de commercialisation (suite)

94 Créteil IUT 01 45 17 17 01 **S** ou **A**
95 Cergy IUT site Saint-Martin 01 34 25 75 46 S ou **A AS**
95 Sarcelles IUT de Cergy (site Sarcelles) 01 34 38 26 00 **S**
971 Pointe-à-Pitre Institut de management et de marketing supérieur de commerce Caraïbes 0590 48 07 90 **S**
972 Fort-de-France CFA tertiaire de la CCI de Martinique 05 96 61 61 32 **A**
972 Schœlcher IUT - Pôle Martinique 05 96 72 73 65 **A**
973 Cayenne IESG **S**

LICENCES PRO

Liste des licences professionnelles ayant une spécialisation en lien avec le marketing, la vente ou la publicité. Pour chacune est indiqué l'université, le CFA ou l'école proposant la formation (en rouge), suivi de la commune (en noir). Les formations proposées en apprentissage sont signalées par un **A**. Pour compléter votre information sur toutes les spécialisations possibles, consultez notre site www.onisep.fr.

■ activités et techniques de communication spécialité :

- assistance stratégique des relations clients des entreprises de communication et d'information Univ. Rennes 2 Rennes
- chargé de communication : CFA ISD-Flaubert Rouen **A**, Univ. de Haute-Alsace Mulhouse **A**
- chargé de communication et de relation client : Univ. Toulouse 1 Capitole Rodez
- communication et management des évènements : Univ. de Poitiers Angoulême **A**
- communication et média : Univ. de Lorraine Saint-Dié-des-Vosges
- communication et médiation numérique : Univ. de Bourgogne Dijon
- communication événementielle : Univ. de Nice Valbonne
- communication institutionnelle dans les organisations : Univ. de Tours Tours
- communication multimédia : Univ. Lyon 3 - J. Moulin Lyon
- communication numérique et développement d'applications Internet : Univ. de Reims Charleville-Mézières
- création publicitaire : Univ. de Lorraine Nancy
- écritures en ligne, webmestre éditorial : Univ. Grenoble 3 - Stendhal Échirolles **A**
- lettres, culture et nouveaux médias : Univ. de La Rochelle La Rochelle
- marketing digital : gestion de contenus et stratégies numériques : Univ. Lyon 3 - J. Moulin Lyon
- marketing et communication des organisations du spectacle, de l'événementiel et des loisirs : Univ. de Franche-Comté Montbéliard
- métiers de la publicité : Univ. de Strasbourg Illkirch-Graffenstaden **A**
- métiers du médiaplanning : Univ Bordeaux Montaigne Bordeaux
- multimédia, internet, communication : Univ. de Rouen Elbeuf
- service en ligne commercialisation des produits en ligne : Univ. de Bourgogne Dijon
- stratégies et supports de communication : Univ. du Havre Le Havre

■ activités juridiques spécialité :

- droit et commerce des vins et spiritueux : LA L'Oisellerie La Couronne **A**, Univ. de Poitiers Segonzac **A**
- marchés publics - métiers de l'achat public : Univ. d'Orléans Orléans **A**

■ activités sportives spécialité :

- commercialisation des produits et services sportifs : Univ. de Strasbourg Strasbourg **A**

■ agronomie spécialité :

- agriculture biologique : production, conseil, certification et commercialisation : CFA agricole de la Martinique Le Francois **A**, Univ. d'Angers Angers **A**

■ assurance, banque, finance spécialité :

- chargé de clientèle bancassurance - marché des particuliers : Univ. de Bourgogne Dijon, Univ. de Franche-Comté Besançon
- chargé de clientèle en assurance : ILFA Libourne **A**
- commerce en banque-assurance : Univ. Lyon 3 - J. Moulin Lyon **A**
- commercialisation de produits et services financiers : Univ. de Savoie Annecy-le-Vieux **A**
- commercialisation des produits bancaires et d'assurance : Univ. du Maine Le Mans
- commercialisation des produits et services financiers : Univ. de Reims Reims **A**, Troyes **A**
- conseiller clientèle particuliers : Lycée Le Rebours Paris, Univ. Paris Ouest La Défense Nanterre **A**
- conseiller commercial assurance : CFA CCI Nantes St-Nazaire - ACCIPIO Nantes **A**, CFA de la CCI du Maine-et-Loire Angers **A**, Univ. de Nantes Nantes **A**
- management financier et marketing des services : Univ. Grenoble 2 - P. Mendès France Saint-Martin-d'Hères **A**, Valence **A**
- métiers de l'(e-)assurance et des services associés : Univ. Paris Ouest La Défense Nanterre **A**
- vente d'assurances de personnes : Univ. de Caen Lisieux

■ bâtiment et construction spécialité :

- chargé d'affaires en bâtiment : Univ. Lyon 3 - J. Moulin Lyon **A**
- chargé d'affaires en peinture, aménagement et finition : UCO d'Angers Laval

■ commerce spécialité :

- achat : Univ. d'Angers Angers
- achat et commercialisation des produits industriels à l'international : Univ. de Reims Charleville-Mézières, Troyes
- achat et logistique : Univ. de Nouvelle Calédonie Nouméa
- achat industriel et logistique : Univ. de Nantes Saint-Nazaire
- achats : Univ. de Franche-Comté Besançon
- achats opérationnels : Univ. de Haute-Alsace Mulhouse **A**
- acheteur : Univ. de Bordeaux Bordeaux **A**
- acheteur industriel : IFA de la CCI Montauban **A**, Univ. Toulouse 1 Capitole Montauban **A**
- action commerciale inter-entreprise : industrie et service aux entreprises : Univ. d'Aix-Marseille Aix-en-Provence **A**
- affaires internationales : Univ. de Savoie Annecy-le-Vieux **A**
- agroalimentaire et agrofournitures : LA Laval Laval, Univ. du Maine Laval **A**, Le Mans
- assistant commercial export trilingue : Univ. de Caen Cherbourg-Octeville
- assistant de gestion import export : Univ. Toulouse 3 P. Sabatier Auch
- assistant export trilingue : UCO d'Angers Arradon, Guingamp, Univ. de Bretagne-Sud Lorient, Univ. Grenoble 3 - Stendhal Valence **A**
- assistant export-import : Univ. d'Amiens Amiens **A**

• attaché au développement international des organisations : Univ. de Franche-Comté Montbéliard **A**
• cadre commercial du nautisme : Univ. de Nantes Saint-Nazaire
• chargé d'affaires en informatique, commercialisation de solutions informatiques : Univ. de Bordeaux Bordeaux **A**
• chef de secteur commercial - marketing et merchandising des produits alimentaires : ISFFEL Saint-Pol-de-Léon **A**, UCO d'Angers Guingamp
• collaborateur des activités internationales : Lycée Carcado Saisseval Paris **A**, Univ. Paris-Sorbonne Paris **A**
• commerce de matériel de travaux publics et véhicules industriels : Univ. de Caen Caen
• commerce en ligne : Univ. de Bretagne-Sud Vannes
• commerce et distribution : UCO d'Angers Guingamp
• commerce et vente appliqués à l'industrie, formation de technico-commerciaux : Univ. du Havre Le Havre **A**
• commerce et vente en agro-alimentaire : INP Toulouse Toulouse **A**
• commerce interentreprises en milieu industriel : Univ. Lyon 3 - J. Moulin Lyon **A**
• commerce interentreprises, commerce de gros et commerce international : Univ. de Lorraine Nancy
• commerce international agroalimentaire grande région : IS4A Laxou **A**, Univ. de Lorraine Nancy **A**
• commerce, distribution : Cifab Pointe-à-Pitre **A**, Univ. d'Auvergne Clermont-Ferrand, Univ. de Bretagne-Sud Vannes **A**
• commerce, vente : Univ. de Saint-Étienne Saint-Étienne **A**
• commercial agroalimentaire : Cnam Paris **A**, École supérieure des techniques de biologie appliquée Paris **A**, Lycée G Mendel Montreuil, Vincennes, Lycée Le Rebours Paris **A**
• commercial dans l'environnement européen : Univ. de Strasbourg Illkirch-Graffenstaden **A**
• commercial de la communication et du multimédia : Pôle universitaire de Vichy Vichy, Univ. B. Pascal Clermont-Ferrand
• commercialisation à l'international des produits issus des agro ressources : Univ. de Reims Reims
• commercialisation de produits et services financiers : Univ. de Lorraine Metz **A**, Yutz
• commercialisation de technologies : Univ. de Lorraine Cosnes-et-Romain, Villers-lès-Nancy
• commercialisation des aliments santé : Univ. d'Amiens Amiens **A**
• commercialisation des biens et services industriels : Univ. de Bordeaux Pessac, Univ. Rennes 1 Saint-Malo
• commercialisation des produits culturels : Univ. de Savoie Annecy-le-Vieux
• commercialisation des produits des filières vitivinicoles et agro distribution : Univ. de Bordeaux Pessac
• commercialisation des produits et services industriels : Univ. Toulouse 2 - J. Jaurès Figeac, Univ. Toulouse 3 P. Sabatier Tarbes
• commercialisation des produits et services sportifs : CESNI Le Bourget-du-Lac, Univ. de Savoie Annecy-le-Vieux
• commercialisation des produits touristiques : Univ. de Bordeaux Périgueux
• commercialisation des vins : Univ. de Tours Tours A
• commercialisation et sécurité des produits alimentaires : Univ. de Bordeaux Périgueux
• commercialisation internationale des vins et spiritueux : Lycée viticole de la Champagne Avize
• commercialisation spécialisée produit équin : LA Laval Laval, Univ. d'Angers Saumur
• communication et commercialisation de produits culturels : spectacle vivant : Univ. d'Orléans Issoudun
• conception et distribution spécialisée jeux et jouets : Univ. d'Angers Cholet
• conseiller commercial en maisons individuelles : Lycée F Mansart Saint-Maur-des-Fossés
• développement commercial et gestion des échanges : Univ. d'Amiens Beauvais
• développement commercial international de la PME-PMI : Univ. de Saint-Étienne Saint-Étienne **A**
• développement et gestion d'une clientèle de professionnels -produits techniques : Univ. de Poitiers Châtellerault **A**
• développement international des PME-PMI : Univ Bordeaux Montaigne Pessac
• distribution : Univ. de Lorraine Metz **A**
• distribution (management d'équipe en unité de grande distribution) : Univ. de Nantes Nantes
• distribution : management de rayon : Univ. d'Aix-Marseille Aix-en-Provence **A**
• distribution des produits liquides et alimentaires (distrilia) : LA de Montbrison Précieux Précieux **A**, Univ. de Saint-Étienne Saint-Étienne **A**
• distribution, management et gestion de rayon : Univ. de Bordeaux Pessac **A**, Univ. de Bourgogne Dijon **A**, Univ. de Limoges Limoges, Univ. de Rouen Rouen **A**, Univ. de Strasbourg Strasbourg **A**, Univ. Toulouse 3 P. Sabatier Toulouse **A**
• distribution, management et gestion de rayon, grandes surfaces : Univ. d'Angers Angers **A**
• e-commerce/e-marketing : gestionnaire de projets : Univ. de Bordeaux Bordeaux **A**
• encadrement et animation des équipes commerciales : Univ. de Bordeaux Périgueux
• études statistiques, sondages et marketing : Univ. Grenoble 2 - P. Mendès France Grenoble
• gestion de flux internationaux des PME/PMI, achats, ventes, négociation internationale : Lycée Jean-Paul II Compiègne
• gestion de la relation clients et e-commerce : Univ. de Caen Damigny **A**, Univ. de Lorraine Metz **A**
• gestion et management d'une unité commerciale - produits alimentaires : LA de Capou Montauban, Univ. Toulouse 1 Capitole Montauban
• gestion et marketing du secteur vitivinicole : UDV Suze-la-Rousse, Univ. Grenoble 2 - P. Mendès France Valence
• gestionnaire import export : Univ. du Maine Laval, Univ. Rennes 1 Rennes
• import export des PME-PMI : Univ. d'Aix-Marseille Marseille
• import-export (commerce international) : Univ. d'Aix-Marseille Aix-en-Provence
• information stratégique et action sur les marchés : Lycée J Monnet Yzeure, Univ. B. Pascal Moulins
• lancement de nouveaux produits : CFA agricole de Haute-Saône Vesoul **A**, Univ. de Lorraine Épinal
• les technologies de l'information et de la communication appliquées au marketing et au commerce : Univ. de Franche-Comté Belfort **A**
• logistique de distribution : Univ. de Pau Bayonne
• logistique et commercialisation des boissons : Univ. de Lorraine Nancy **A**
• management de la relation commerciale : Univ. de Savoie Annecy-le-Vieux
• management de l'événementiel : Univ. de Pau Bayonne

Licences pro (suite)

• management d'équipes commerciales : Lycée A Maurois Elbeuf, Univ. de Rouen Elbeuf
• management des échanges internationaux : achat vente à l'international : Univ. de Poitiers Angoulême
• management des échanges internationaux : gestion, transport, logistique à l'international : Lycée - Ensemble scolaire I de l'Étoile Poitiers, Univ. de Poitiers Poitiers
• management des relations commerciales : Univ. d'Auvergne Clermont-Ferrand **A**
• management et commercialisation des biens et services immobiliers : Univ. de Nice Nice
• management et distribution : management de rayon de produits agricoles, horticoles ou : alimentaires ESA Angers Angers **A**, Univ. d'Angers Angers **A**
• management et gestion de rayon-distrisup : Univ. de Nice Nice **A**, Univ. Lyon 3 - J. Moulin Lyon **A**
• management et marketing des réseaux de distribution en produits alimentaires : CFA vente et commerce AFIPE Poissy **A**, ISFFEL Saint-Pol-de-Léon **A**
• management informatique et commercial de la relation client, relation fournisseur au niveau national et international : Univ. Rennes 1 Lannion
• management multicanal du commerce de détail : Univ. d'Aix-Marseille Aix-en-Provence
• marketing appliqué aux transactions des industries et services : Lycée P Constans Montluçon, Univ. B. Pascal Montluçon
• marketing des produits agroalimentaires sous signe de qualité : Univ. Toulouse 2 - J. Jaurès Figeac
• marketing des services et technologies de l'information et de la communication : Univ. de La Rochelle La Rochelle **A**
• marketing direct multi canal : Lycée G Dumézil Vernon, Univ. de Rouen Évreux
• marketing et commercialisation des services : Univ. de Saint-Étienne Saint-Étienne **A**
• marketing et communication : Univ. de Corse P. Paoli Corte **A**
• marketing et logistique agroalimentaire : CFPPA de La Roche sur Foron - ENILV La Roche-sur-Foron, Univ. de Savoie Annecy-le-Vieux
• marketing et nouvelles technologies de l'information et de la communication : Univ. de Tours Tours **A**
• marketing et réseaux de communication : Univ. d'Aix-Marseille Aix-en-Provence
• marketing opérationnel : CFA tertiaire de la CCI de Martinique Fort-de-France **A**, Univ. de Lorraine Nancy **A**
• marketing relationnel et négociation : Univ. d'Aix-Marseille Marseille
• marketing, achat et vente à l'international : Univ. de Lorraine Nancy
• marketing, communication, vente en secteur alimentaire : Univ. de Guyane Cayenne, Univ. Rennes 1 Saint-Brieuc
• métiers de la vente : Univ. Lyon 3 - J. Moulin Lyon **A**
• négociation commerciale et marchés européens : Univ. de Rouen Rouen **A**
• organisation et gestion des achats : Univ. d'Aix-Marseille Aix-en-Provence **A**, Univ. d'Orléans Chartres
• responsable d'activités import-export : Lycée Ste-Marguerite Chambray-lès-Tours
• responsable univers de consommation : Univ. d'Amiens Amiens **A**
• technico-commercial : Univ. de Haute-Alsace Colmar **A**, Univ. de Nice Nice, Univ. de Rouen Rouen **A**, Univ. de Tours Tours **A**
• technico-commercial (PME-PMI) : Univ. de Nantes Saint-Nazaire
• technico-commercial en produits et services industriels : Univ. de Saint-Étienne Roanne **A**, Saint-Étienne **A**, Univ. Lyon 1 - C. Bernard Villeurbanne **A**
• technico-commercial en services et matériels thermiques et énergétiques : Univ. Grenoble 2 - P. Mendès France Grenoble
• technico-commercial(e) en éco-construction et recyclage des matériaux : Univ. Rennes 1 Saint-Brieuc
• transformation et commercialisation des produits de la mer : Univ. de Caen Cherbourg-Octeville
• vins et commerce : Univ. de Haute-Alsace Colmar **A**
• viticulture-œnologie : marketing et commerce international des vins de terroirs : ESA Angers Angers **A**, Lycée C Péguy Clisson, Univ. d'Angers Angers

■ échange et gestion spécialité :
• commerce et distribution : Univ. Grenoble 2 - P. Mendès France Saint-Martin-d'Hères **A**

■ habillement, mode et textile spécialité :
• gestion et développement des produits de la mode : Univ. d'Aix-Marseille Aix-en-Provence

■ hôtellerie et tourisme spécialité :
• distribution touristique : Lycée de Bazeilles Bazeilles **A**,

■ industries chimiques et pharmaceutiques spécialité :
• service client et vente en biologie médicale : Univ. de Bourgogne Dijon
• technico-commercial en instrumentation biotechnologique et biomédicale : Univ. de Poitiers Poitiers **A**

■ logistique spécialité :
• conception, management et commercialisation de chaîne de transport de marchandises : Sup de Log Paris Paris **A**
• logistique de distribution et logistique au service du e-commerce : Univ. de Caen Damigny **A**
• management des approvisionnements et de la logistique : Lycée les Catalins Montélimar **A**, Univ. Grenoble 2 - P. Mendès France Valence **A**

■ management des organisations spécialité :
• assistant marketing et communication des petites et moyennes entreprises : Univ. de Franche-Comté Besançon
• développement transfrontalier des PME : Univ. de Lorraine Cosnes-et-Romain
• e-business dans les PME : Univ. Lyon 1 - C. Bernard Villeurbanne **A**
• management de la PME et développement à l'international : Univ. Lyon 1 - C. Bernard Villeurbanne **A**
• management de la relation client Europe : Univ. de Nantes Nantes
• management de l'équipe commerciale : UCO d'Angers Guingamp
• management des entreprises de distribution en réseau : Univ. Panthéon-Assas Paris **A**
• management des projets commerciaux à l'international : Univ. de Bordeaux Bordeaux **A**
• management et marketing des services : Univ. du Maine Le Mans
• responsable point de vente : CFA des commerces de l'alimentation Paris **A**
• statistique commerciale : Univ. de Guyane Cayenne, Univ. de Poitiers Niort **A**
• statistique décisionnelle en marketing : Univ. de Bretagne-Sud Vannes

■ mécanique spécialité :
• chargé d'affaires à l'international en génie mécanique : Univ. Pierre et Marie Curie Paris **A**

■ métiers de l'édition spécialité :
• ingénierie et management de projets en communication et industries graphiques : CFA Gobelins - L'école de l'image Noisy-le-Grand **A**

■ **productions animales spécialité :**
• commerce et conseil aux adhérents de coopératives filières bétail et viande : CFA du CEZ Rambouillet **A**, CFPPA 79 Bressuire **A**
• technico-commercial en nutrition animale : CFA agricole de l'Aveyron Rodez **A**, CFA agricole de Seine-Maritime Yvetot **A**, Esitpa Mont-Saint-Aignan (76) Mont-Saint-Aignan **A**, Univ. de Rouen Mont-Saint-Aignan **A**

■ **productions végétales spécialité :**
• valorisation et commercialisation des plantes aromatiques méditerranéennes : Univ. d'Aix-Marseille Marseille

■ **réseaux et télécommunications spécialité :**
• chargé d'affaires en réseaux et télécommunications : Univ. de Franche-Comté Montbéliard **A**, Univ. de Pau Mont-de-Marsan
• commerce électronique : Univ. de Guyane Cayenne

■ **santé spécialité :**
• technico-commercial en nutricosmétique et cosmétologie : Univ. Grenoble 1 - J. Fourrier La Tronche **A**, Univ. Grenoble 2 - P. Mendès France Grenoble **A**

■ **systèmes informatiques et logiciels spécialité :**
• métiers du web et du commerce électronique : Univ. de Lorraine Metz

■ **assurance, banque, finance : chargé de clientèle**
• Formasup - CFA du Supérieur - ASSIFA Villeneuve-d'Ascq **A**, Lycée A Camus Nîmes, Univ. d'Avignon Avignon, Univ. de Bretagne occidentale Brest **A**, Quimper **A**, Univ. de La Réunion Saint-Pierre, Univ. de Lille 1 Villeneuve-d'Ascq, Univ. de Lille 2 Lille **A**, Univ. de Montpellier Montpellier **A**, Univ. de Nîmes Nîmes, Univ. de Perpignan Perpignan, Univ. de Toulon La Garde **A**, Univ. de Valenciennes Valenciennes, Univ. de Versailles St-Quentin Guyancourt **A**, Univ. d'Évry Brétigny-sur-Orge, Évry, Univ. du Littoral Dunkerque **A**, Univ. Paris 13 Saint-Denis **A**, Villetaneuse **A**, Univ. Paris Descartes Paris **A**, Univ. Paris-Est Meaux **A**, Créteil **A**, Lieusaint, Univ. Paris-Sud Sceaux **A**

■ **commerce et distribution :**
• CFA régional Nord de France - Siadep Apprentissage - Lens **A**, Univ. d'Artois Lens **A**, Univ. d'Avignon Avignon, Univ. de Bretagne occidentale Brest **A**, Morlaix **A**, Univ. de Cergy Sarcelles **A**, Univ. de La Réunion Saint-Denis **A**, Univ. de Lille 1 Lille **A**, Univ. de Limoges Limoges **A**, Univ. de Montpellier Montpellier **A**, Univ. de Valenciennes Valenciennes, Univ. de Versailles St-Quentin Rambouillet **A**, Univ. Panthéon-Sorbonne Paris **A**, Univ. Paris 8 Montreuil **A**, Univ. Paris-Est Meaux **A**, Univ. Paris-Est Créteil Créteil **A**, Fontainebleau **A**, Lieusaint, Univ. Paris-Sud Sceaux

■ **commercialisation de produits et services :**
• Groupe Ozanam-EPIL (Lycée Ozanam) Lille, Lycée Baudimont St-Charles Arras, Univ. d'Artois Lens **A**, Univ. de Cergy Sarcelles **A**, Univ. de Lille 2 Roubaix, Univ. de Versailles St-Quentin Rambouillet **A**, Univ. d'Évry Évry, Univ. du Littoral Dunkerque, Univ. Paris-Est Meaux **A**, Université catholique de Lille Lille

■ **commercialisation des produits alimentaires :**
• Montpellier SupAgro Florac, Montpellier, Univ. de Montpellier Montpellier **A**, Univ. de Valenciennes Cambrai, Univ. Paris-Est Meaux **A**

■ **e-commerce et marketing numérique :**
• Univ. d'Artois Lens, Univ. d'Avignon Avignon, Univ. de Lille 2 Roubaix, Univ. de Nantes Nantes **A**, Univ. d'Évry Évry, Univ. Paris 8 Montreuil **A**, Univ. Paris Descartes Paris **A**, Univ. Paris-Est Créteil Lieusaint

■ **gestion des achats et des approvisionnements :**
• Univ. de Lille 2 Roubaix, Univ. de Montpellier Montpellier **A**, Univ. d'Évry Évry **A**, Univ. Paris-Est Serris **A**

■ **management des activités commerciales :**
• Univ. de Cergy Cergy **A**, Gennevilliers **A**, Univ. de Limoges Limoges **A**, Univ. Paris 13 Saint-Denis **A**, Univ. Paris Descartes Paris **A**

■ **métiers de la communication : chargé de communication :**
• Univ. de Cergy Cergy **A**, Sarcelles A, Univ. de La Réunion Saint-Denis, Univ. de Lille 1 Villeneuve-d'Ascq, Univ. de Lille 3 Tourcoing, Univ. de Montpellier 3 Montpellier, Univ. d'Évry Évry **A**, Univ. Paris Diderot Paris **A**, Univ. Paris-Est Serris **A**, Créteil **A**, Lieusaint **A**

■ **métiers de la communication : chef de projet communication :**
• Univ. Paris 8 Montreuil **A**, Univ. Paris Descartes Paris **A**

■ **métiers de la promotion des produits de santé :**
• Univ. de Montpellier Montpellier

■ **métiers du commerce international :**
• Lycée E Lemonnier Paris **A**, Lycée international Montebello Lille, Lycée St-Jude Armentières, Univ. de Bretagne occidentale Quimper, Univ. de Cergy Cergy **A**, Univ. de Lille 1 Lille, Univ. de Lille 2 Roubaix, Univ. de Montpellier Montpellier, Univ. du Littoral Dunkerque, Univ. Paris 8 Saint-Denis, Univ. Paris Descartes Paris **A**, Univ. Paris Ouest La Défense Nanterre, Univ. Paris-Est Champs-sur-Marne **A**, Créteil, Lieusaint, Univ. Paris-Sorbonne Paris **A**, Univ. Paris-Sud Sceaux **A**, Université catholique de Lille Lille

■ **métiers du livre : édition et commerce du livre :**
• Univ. Paris Descartes Paris **A**

■ **métiers du marketing opérationnel :**
• Lycée St-Jean Besançon, Lycée St-Jude Armentières, Lycée St-Luc - La Sagesse Cambrai, Univ. de Versailles St-Quentin Rambouillet **A**, Univ. Paris 13 Saint-Denis **A**, Université catholique de Lille Lille

■ **technico-commercial :**
• Univ. de Cergy Cergy **A**, Univ. de La Réunion Le Tampon **A**, Univ. de Lille 2 Roubaix, Univ. de Valenciennes Valenciennes, Univ. de Versailles St-Quentin Mantes-la-Jolie **A**, Univ. d'Évry Évry, Univ. Paris-Est Créteil Créteil **A**, Univ. Paris-Sud Cachan **A**

LICENCES

Liste des licences pouvant mener au marketing, à la vente ou à la publicité. Pour chacune sont indiqués les universités qui y préparent (en rouge), suivis de la commune (en noir).
Les formations proposées en apprentissage sont signalées par un **A**.

■ **Administration économique et sociale :** Centre universitaire de Mayotte Dembéni ; Champollion Rodez ; Cnam Guadeloupe Pointe-à-Pitre ; Cned Futuroscope **A** ; Institut catholique de Rennes Bruz ; Univ. d'Aix-Marseille Aix-en-Provence, Gap, Marseille ; Univ. d'Artois Arras ; Univ. d'Auvergne Clermont-Ferrand ; Univ. d'Avignon Avignon ; Univ. d'Évry Évry **S** ou **A** ; Univ. de Bordeaux

Licences (suite)

Agen, Périgueux, Pessac; Univ. de Bourgogne Dijon, Le Creusot; Univ. de Bretagne occidentale Brest, Quimper; Univ. de Caen Caen; Univ. de Franche-Comté Belfort, Besançon; Univ. de Guyane Cayenne; Univ. de Haute-Alsace Mulhouse; Univ. de La Réunion Le Tampon, Saint-Denis; Univ. de Lille 2 Lille; Univ. de Limoges Limoges; Univ. de Lorraine Metz, Nancy; Univ. de Montpellier Montpellier; Univ. de Montpellier 3 Béziers, Montpellier; Univ. de Nice Nice **S** ou **A**; Univ. de Nîmes Nîmes; Univ. de Pau Pau; Univ. de Perpignan Perpignan; Univ. de Poitiers Poitiers; Univ. de Reims Reims, Troyes; Univ. de Rouen Rouen; Univ. de Saint-Étienne Roanne, Saint-Étienne; Univ. de Savoie Chambéry; Univ. de Strasbourg Strasbourg; Univ. de Tours Tours; Univ. de Valenciennes Valenciennes; Univ. de Versailles St-Quentin Guyancourt; Univ. du Havre Le Havre; Univ. Lyon 2 - Lumière Bron; Univ. Panthéon-Assas Melun; Univ. Panthéon-Sorbonne Paris; Univ. Paris 13 Villetaneuse; Univ. Paris 8 Saint-Denis; Univ. Paris Ouest La Défense Nanterre; Univ. Rennes 2 Rennes, Saint-Brieuc; Univ. Toulouse 1 Capitole Toulouse

■ **Économie:** Faculté libre d'éco, de droit et de gestion Paris; Univ. d'Auvergne Clermont-Ferrand; Univ. de Bourgogne Dijon; Univ. de Cergy Cergy; Univ. de Limoges Limoges; Univ. de Lorraine Metz, Nancy; Univ. de Montpellier Montpellier; Univ. de Rouen Rouen; Univ. de Toulon Toulon; Univ. de Tours Tours; Univ. Panthéon-Sorbonne Paris; Univ. Paris-Dauphine Paris; Univ. Paris Diderot Paris; Univ. Toulouse 1 Capitole Toulouse

■ **Économie et gestion:** Cnam Amiens **A**; Institut de management et de marketing supérieur de commerce Caraïbes Pointe-à-Pitre; Lycée F Faure Beauvais; UCO d'Angers Angers, Guingamp; Univ. d'Aix-Marseille Aix-en-Provence, Marseille; Univ. d'Amiens Amiens; Univ. d'Angers Angers; Univ. d'Artois Arras; Univ. d'Évry Évry **S** ou **A**; Univ. d'Orléans Châteauroux, Orléans; Univ. de Bordeaux Pessac; Univ. de Bretagne occidentale Brest; Univ. de Bretagne-Sud Vannes; Univ. de Caen Caen; Univ. de Corse P. Paoli Corte; Univ. de Franche-Comté Besançon; Univ. de La Réunion Saint-Denis; Univ. de Lille 1 Villeneuve-d'Ascq; Univ. de Lille 3 Villeneuve-d'Ascq; Univ. de Nantes Nantes; Univ. de Nice Nice; Univ. de Nouvelle- Calédonie Nouméa; Univ. de Pau Bayonne; Univ. de Pau Pau; Univ. de Perpignan Mende, Perpignan; Univ. de Poitiers Niort, Poitiers; Univ. de Polynésie française Faaa; Univ. de Reims Reims; Univ. de Saint-Étienne Saint-Étienne; Univ. des Antilles Pointe-à-Pitre, Schœlcher; Univ. de Savoie Annecy-le-Vieux **S** ou **A**, Chambéry **S** ou **A**; Univ. de Strasbourg Strasbourg; Univ. de Versailles St-Quentin Guyancourt; Univ. du Havre Le Havre **S** ou **A**; Univ. du Littoral Boulogne-sur-Mer, Dunkerque; Univ. du Maine Le Mans; Univ. Grenoble 2 - P. Mendès France Saint-Martin-d'Hères, Valence; Univ. Lyon 1 - C. Bernard Villeurbanne; Univ. Lyon 2 - Lumière Lyon; Univ. Lyon 3 - J. Moulin Bourg-en-Bresse, Lyon; Univ. Panthéon-Assas Melun, Paris; Univ. Paris 13 Villetaneuse; Univ. Paris 8 Saint-Denis; Univ. Paris Descartes Malakoff; Univ. Paris Descartes Paris **S** ou **A**; Univ. Paris-Est Champs-sur-Marne **S** ou **A**, Serris **S** ou **A**, Créteil **S** ou **A**; Univ. Paris Ouest La Défense Nanterre **S** ou **A**; Univ. Paris-Sud Sceaux; Univ. Rennes 1 Rennes; Université catholique de Lille Lille

■ **Gestion:** CFA tertiaire de la CCI de Martinique Fort-de-France **A**; CFSA Orléans **A**; Cnam Amiens **A**, Hérouville-Saint-Clair; Cned Futuroscope; Conservatoire national des arts et métiers Franche-Comté Belfort **A**; Lycée F Faure Beauvais; Lycée G Berger Lille; Univ. d'Aix-Marseille Aix-en-Provence, Arles, Gap, Marseille; Univ. d'Amiens Amiens; Univ. d'Auvergne Clermont-Ferrand; Univ. d'Orléans Orléans; Univ. de Bordeaux Bordeaux; Univ. de Bourgogne Dijon; Univ. de Cergy Cergy; Univ. de Haute-Alsace Colmar, Mulhouse; Univ. de La Rochelle La Rochelle; Univ. de Lille 1 Lille **S** ou **A**; Univ. de Lille 2 Lille, Roubaix; Univ. de Limoges Limoges; Univ. de Lorraine Metz, Nancy; Univ. de Montpellier Albaret-Sainte-Marie, Montpellier **S** ou **A**; Univ. de Nice Nice; Univ. de Rouen Rouen; Univ. de Saint-Étienne Roanne, Saint-Étienne; Univ. de Toulon Toulon; Univ. de Tours Tours; Univ. de Valenciennes Valenciennes **S** ou **A**; Univ. de Versailles St-Quentin Guyancourt; Univ. Lyon 3 - J. Moulin Lyon; Univ. Panthéon-Sorbonne Paris; Univ. Paris-Dauphine Paris **S** ou **A**; Univ. Rennes 1 Rennes; Univ. Toulouse 1 Capitole Toulouse; Univ. Toulouse 2 - J. Jaurès Toulouse; Univ. Toulouse 3 P. Sabatier Tarbes, Toulouse

■ **Information-communication:** ILOI Le Port; Institut catholique de Toulouse Toulouse; Institut de management et de marketing supérieur de commerce Caraïbes Pointe-à-Pitre; Institut supérieur de l'enseignement privé de Polynésie Papeete; UCO d'Angers Angers, Arradon, Laval **S** ou **A**, Nantes; Univ. B. Pascal Clermont-Ferrand; Univ. d'Aix-Marseille Aix-en-Provence; Univ. d'Avignon Avignon; Univ. de Bourgogne Dijon; Univ. de Corse P. Paoli Corte; Univ. de Franche-Comté Besançon, Montbéliard; Univ. de La Réunion Saint-Denis; Univ. de Lille 3 Roubaix, Villeneuve-d'Ascq; Univ. de Lorraine Metz, Nancy; Univ. de Montpellier 3 Béziers, Montpellier; Univ. de Nice Nice; Univ. de Saint-Étienne Saint-Étienne; Univ. des Antilles Schœlcher; Univ. de Savoie Annecy-le-Vieux, Chambéry; Univ. de Toulon Toulon; Univ. du Littoral Dunkerque; Univ. Grenoble 3 - Stendhal Échirolles; Univ. Lyon 2 - Lumière Bron; Univ. Lyon 3 - J. Moulin Lyon; Univ. Panthéon-Assas Paris; Univ. Paris 13 Villetaneuse; Univ. Paris 8 Saint-Denis; Univ. Paris Ouest La Défense Nanterre; Univ. Paris-Sorbonne Neuilly-sur-Seine; Univ. Rennes 2 Rennes; Univ. Sorbonne Nouvelle Paris; Univ. Toulouse 1 Capitole Toulouse; Univ. Toulouse 2 - J. Jaurès Montauban; Univ. Toulouse 3 P. Sabatier Toulouse; Univ Bordeaux Montaigne Pessac; Université catholique de Lille Lille

MASTERS

Liste des masters ayant une spécialisation en lien avec le marketing, la vente, le commerce ou la publicité. Pour chacun est indiquée l'université ou l'école proposant la formation (en rouge), suivie de la commune (en noir). Les formations proposées en apprentissage sont signalées par un **A**. Pour compléter votre information sur toutes les spécialisations possibles, consultez notre site www.onisep.fr.

■ **administration des affaires spécialité:**

- affaires internationales et management franco-allemand: Univ. de Lorraine Metz

■ **administration économique et sociale spécialité:**

- achat international: Univ. de Strasbourg Strasbourg **A**
- droit et marketing: Univ. de Poitiers Poitiers

■ **administration et échanges internationaux:**

- Univ. de Montpellier 3 Montpellier, Univ. d'Évry Évry, Univ. Paris-Est Créteil Créteil **A**

■ **administration et gestion des entreprises spécialité:**

- commerce et management international: Univ. Panthéon-Assas Paris **A**
- marketing et communication des entreprises: Univ. Panthéon-Assas Paris **A**

■ **analyses sensorielles spécialité:**

- analyse sensorielle et marketing des produits saveurs-senteurs: Univ. d'Aix-Marseille Marseille

■ banque et finance spécialité:
• international, commerce et finance: Univ. de Limoges Limoges

■ biologie spécialité:
• biologie et techniques de commercialisation: Univ. Grenoble 1 - J. Fourrier Saint-Martin-d'Hères **A**

■ chimie spécialité:
• commercialisation en cosmétique et chimie fine: Univ. d'Aix-Marseille Marseille

■ commerce spécialité:
• compétence complémentaire en informatique: Univ. de Tours Tours

■ commerce, décision, gestion spécialité:
• management du commerce international: Univ. d'Aix-Marseille Aix-en-Provence
• marketing des produits innovants: Univ. d'Aix-Marseille Aix-en-Provence

■ commerce-marketing spécialité:
• distribution-vente: CFA tertiaire de la CCI de Martinique Fort-de-France **A**

■ communication des organisations spécialité:
• communication des entreprises, des institutions et des associations: Univ. Paris 13 Villetaneuse

■ communication, stratégie internationale et interculturalité spécialité:
• commerce international: Univ. B. Pascal Clermont-Ferrand
• communication et solidarité: Univ. B. Pascal Clermont-Ferrand

■ cultures et sociétés étrangères - allemand, anglais, espagnol, italien, portugais spécialité:
• langues étrangères appliquées: négociateur trilingue en commerce international: Univ. de Poitiers Poitiers

■ développement commercial et international spécialité:
• achats et logistique: Univ. de Savoie Chambéry **A**
• marketing et vente: Univ. de Savoie Annecy-le-Vieux **A**, Chambéry

■ développement économique spécialité:
• commerce international équitable et développement: Univ. de Toulon Toulon

■ droit des affaires spécialité:
• droit, gestion et commerce des spiritueux: Univ. de Poitiers Segonzac

■ droit international spécialité:
• droit international privé et du commerce international: Univ. Panthéon-Assas Paris

■ économie spécialité:
• commerce international: Univ. des Antilles Pointe-à-Pitre
• économiste des échanges internationaux: Univ. de Tours Tours

■ économie de l'entreprise et des marchés spécialité:
• marketing: Univ. Paris 13 Villetaneuse

■ économie et gestion des entreprises spécialité:
• économie et conseil en TIC et e-business: Univ. Rennes 1 Rennes

■ économie, banque et finance internationales spécialité:
• banque, finance et négoce international: Univ. de Bordeaux Pessac

■ économie-gestion spécialité:
• chargé d'affaires professionnels: Univ. de Franche-Comté Besançon **A**
• e-achat et marchés: Univ. de Franche-Comté Besançon

■ gestion spécialité:
• marketing et stratégie: ENS Cachan Cachan

■ gestion de production, logistique, achats:
• School sciences sociales Saclay **A**, Univ. d'Artois Béthune, Univ. de Montpellier Montpellier, Univ. de Valenciennes Valenciennes, Univ. d'Évry Évry **A**, Univ. Paris Ouest La Défense Nanterre, Univ. Paris-Est Créteil Créteil **A**

■ gouvernance économique internationale spécialité:
• commerce et management international: Univ. Panthéon-Assas Paris **A**

■ information et communication spécialité:
• administration et gestion de la communication: Univ. Toulouse 1 Capitole Toulouse
• communication d'entreprise: Univ. Grenoble 3 - Stendhal Échirolles
• communication des entreprises et des institutions: Univ. Paris-Sorbonne Neuilly-sur-Seine **A**, Univ. Sorbonne Nouvelle Paris **A**
• communication des organisations: Univ Bordeaux Montaigne Pessac, Univ. Lyon 3 - J. Moulin Lyon
• communication des organisations et développement durable: Univ. d'Aix-Marseille Aix-en-Provence, Marseille
• communication et technologie numérique: Mines d'Alès Alès, Nîmes
• communication scientifique et technique: Univ. Grenoble 3 - Stendhal Échirolles
• communication sociale et management de l'information dans les organisations: Univ. Lyon 2 - Lumière Bron
• e-rédactionnel: Univ. de Toulon Toulon
• études avancées en communication et médias-innovations sociétales et numériques: Univ. d'Aix-Marseille Marseille
• information et communication dans l'espace local et régional: UCO d'Angers Angers
• marketing, publicité et communication: Univ. Paris-Sorbonne Neuilly-sur-Seine **A**
• métiers de l'expertise et de la recherche en information, communication et nouveaux: ILOI Le Port
• métiers de l'information: communication, lobbying, médias: Univ. d'Aix-Marseille Marseille
• métiers de l'information-communication organisationnelle: Univ. Rennes 2 Rennes
• politiques et stratégies des médias et des indistries créatives: Univ. Paris 13 Villetaneuse
• stratégie de communication globale: Univ. de Saint-Étienne Saint-Étienne

■ instrumentation spécialité:
• commercialisation en instrumentation scientifique: Univ. d'Aix-Marseille Marseille

■ international business/ affaires internationales spécialité:
• affaires et management international: Univ. de Nice Nice
• master of international business: Univ. de Nice Nice

■ langues étrangères appliquées spécialité:
• commerce et affaires: Univ. de Bourgogne Dijon
• commerce et stratégies de l'entreprise à l'international: Univ. de Lorraine Nancy
• commerce international: Univ. de Nantes Nantes, Univ. Lyon 3 - J. Moulin Lyon, Univ. Rennes 2 Rennes, Univ. Toulouse 2 - J. Jaurès Toulouse
• commerce international, langues appliquées (CILA): Univ. Lyon 2 - Lumière Bron
• gestion et commerce international: Univ. Paris-Sorbonne Paris **A**

Masters (suite)

• gestion marketing franco-allemand : Univ. Sorbonne Nouvelle Paris **A**
• implantation des entreprises à l'international : Univ. de Caen Caen
• langues communications internationales des entreprises et administrations : Univ. Lyon 3 - J. Moulin Lyon
• langues et commerce électronique : Univ. de Franche-Comté Montbéliard
• langues étrangères appliquées aux affaires internationales : Univ. d'Aix-Marseille Aix-en-Provence **A**
• management et marketing international : Univ. Rennes 2 Rennes
• management interculturel et affaires internationales : Univ. de Haute-Alsace Mulhouse
• négociateur trilingue en commerce international : Univ. Grenoble 3 - Stendhal Grenoble **A**
• négociation commerciale internationale : Univ. Sorbonne Nouvelle Paris

■ langues étrangères appliquées à l'internationalisation des organisations spécialité :
• négociation interculturelle : Univ. de Savoie Chambéry

■ langues étrangères, affaires et commerce spécialité :
• négociateur trilingue en commerce international : Univ. d'Angers Angers

■ langues, idées, sociétés spécialité :
• langues étrangères appliquées au commerce international : Univ. de Rouen Mont-Saint-Aignan

■ langues, littératures et civilisations étrangères spécialité :
• langues et commerce international : Univ. de Tours Tours

■ LEA, langues étrangères, affaires et commerce spécialité :
• négociateur trilingue en commerce international : Univ. du Maine Le Mans

■ lettres et langues européennes et internationales spécialité :
• responsable du développement à l'international : Univ. de Bretagne-Sud Lorient

■ lettres, langues et cultures spécialité :
• elations commerciales internationales : Univ. de Saint-Étienne Saint-Étienne

■ logistique et distribution spécialité :
• management de la distribution et relation de service : Univ. d'Auvergne Clermont-Ferrand

■ management spécialité :
• achats : Univ. Toulouse 1 Capitole Toulouse
• communication organisationnelle : Univ. de Nice Nice
• ingénierie des affaires : Univ. de Strasbourg Strasbourg **A**
• management stratégique des achats : Univ. Grenoble 2 - P. Mendès France Saint-Martin-d'Hères **A**
• marketing : Univ. de Caen Caen **A**, Univ. de Nice Nice, Univ. de Strasbourg Strasbourg **A**
• marketing des produits et services de santé : Oniris Cursus Ingénieur Nantes Nantes, Univ. de Nantes Nantes
• marketing des services et revenue management : Univ. d'Angers Angers
• marketing et consommation : Univ. de Rouen Rouen
• marketing et management international : Univ. de Franche-Comté Besançon
• marketing et prospective : Univ. de Nantes Nantes
• marketing et technologies de l'information et de la communication : Univ. d'Angers Angers
• pratique et politiques de l'exportation : Univ. Paris Descartes Malakoff

■ management des opérations et qualité spécialité :
• management des achats : Univ. Lyon 3 - J. Moulin Lyon **A**

■ management et administration des entreprises spécialité :
• management et communication : Univ. Lyon 3 - J. Moulin Lyon

■ management et commerce international :
• Sup de Log-EITEL Villeneuve-d'Ascq, Univ. de Cergy Cergy **A**, Univ. de La Rochelle La Rochelle, Univ. de Lille 1 Villeneuve-d'Ascq, Univ. de Montpellier Montpellier, Univ. de Valenciennes Valenciennes, Univ. du Littoral Dunkerque, Univ. Paris 8 Saint-Denis, Univ. Paris-Est Créteil Créteil, Université catholique de Lille Lille
• commerce international : Univ. d'Avignon Avignon
• commercialisation internationale des vins : Univ. d'Avignon Avignon

■ management international spécialité :
• management et échanges internationaux : Univ. du Havre Le Havre **A**
• management international et marketing : Univ. d'Angers Angers

■ management logistique et stratégie spécialité :
• distribution et achats : Univ. d'Aix-Marseille Aix-en-Provence

■ management public spécialité :
• marketing et communication publics : Univ. d'Aix-Marseille Aix-en-Provence

■ management stratégique des hommes et des organisations spécialité :
• marketing des services : Univ. de Tours Tours **A**

■ marketing spécialité :
• carrières commerciales de la banque et de l'assurance : Univ. d'Auvergne Clermont-Ferrand
• communication marketing : Univ. Grenoble 2 - P. Mendès France Valence **A**, Univ. Toulouse 1 Capitole Toulouse
• conseil et marketing stratégique : Univ. Toulouse 1 Capitole Toulouse
• franchise et commerce en réseau : Univ. Rennes 1 Rennes **A**
• ingénierie du marketing : Univ. Grenoble 2 - P. Mendès France Saint-Martin-d'Hères
• marketing de l'événementiel sportif et culturel : Univ. d'Orléans Orléans
• marketing des services : Univ. Toulouse 1 Capitole Toulouse
• marketing des technologies innovantes : Univ. Toulouse 1 Capitole Toulouse
• marketing du produit et de l'innovation : Univ. d'Orléans Orléans
• marketing et communication commerciale : Univ. d'Auvergne Clermont-Ferrand
• marketing quantitatif : Univ. Grenoble 2 - P. Mendès France Saint-Martin-d'Hères
• marketing stratégique et opérationnel : Univ. Rennes 1 Rennes
• recherche et conseil en marketing : Univ. Grenoble 2 - P. Mendès France Saint-Martin-d'Hères
• vente et distribution : Univ. Grenoble 2 - P. Mendès France Saint-Martin-d'Hères **A**

■ marketing et vente spécialité :
• direction commerciale : Univ. Lyon 3 - J. Moulin Lyon
• management commercial du vin et des spiritueux : Univ. de Bordeaux Bordeaux

• management commercial international : Univ. de Bordeaux Bordeaux
• management des réseaux de franchise : Univ. de Haute-Alsace Colmar **A**
• marketing : Univ. de Bordeaux Bordeaux
• marketing et commercialisation des produits de grande consommation : Univ. Lyon 3 - J. Moulin Lyon
• marketing et communication des services : Univ. Lyon 3 - J. Moulin Lyon **A**
• marketing et développement des produits : Univ. de Lorraine Metz
• marketing et développement des services hôteliers : Univ. de Lorraine Metz
• marketing et gestion commerciale : Univ. de Lorraine Nancy
• marketing et innovations agroalimentaires : Univ. de Haute-Alsace Colmar **A**
• marketing et relations consommateurs : Univ. de Haute-Alsace Colmar **A**
• marketing et vente en business to business : Univ. Lyon 3 - J. Moulin Bourg-en-Bresse **A**, Lyon
• vente et management commercial : Univ. Lyon 3 - J. Moulin Lyon

■ **marketing, vente :**
• Montpellier SupAgro Florac **A**, Montpellier **A**, Univ. d'Artois Arras, Univ. de La Réunion Saint-Denis, Univ. de La Rochelle La Rochelle, Univ. de Lille 1 Lille **A**, Univ. de Lille 2 Roubaix **A**, Univ. de Montpellier Montpellier **A**, Univ. Panthéon-Sorbonne Paris, Univ. Paris Ouest La Défense Nanterre **A**, Univ. Paris-Est Champs-sur-Marne **A**, Créteil **A**, Université catholique de Lille Lille

■ **métiers de l'international spécialité :**
• commerce international : Inalco Paris

■ **métiers du livre et de l'édition spécialité :**
• commercialisation du livre : Univ. Paris 13 Villetaneuse **A**

■ **négociation internationale et interculturelle spécialité :**
• négociation internationale et interculturelle : Univ. d'Aix-Marseille Aix-en-Provence

■ **psychologie spécialité :**
• psychologie sociale de la communication et du marketing : Univ. d'Aix-Marseille Aix-en-Provence

■ **recherche, études et conseil en sciences de gestion spécialité :**
• marketing : Univ. d'Aix-Marseille Aix-en-Provence

■ **santé spécialité :**
• marketing de la santé : Univ. Pierre et Marie Curie Paris **A**

■ **science politique spécialité :**
• affaires et commerce international avec les pays émergents : Univ. Paris 13 Villetaneuse

■ **sciences de gestion spécialité :**
• commerce et management international : Univ. Panthéon-Assas Paris **A**
• management marketing international : Univ. Panthéon-Assas Paris **A**
• marketing et communication des entreprises : Univ. Panthéon-Assas Paris **A**

■ **sciences de la vie et de la santé spécialité :**
• produits de santé : développement et distribution : Univ. de Limoges Limoges

■ **sciences du management spécialité :**
• affaires internationales sud-méditerranéennes : Univ. de Corse P. Paoli Corte **A**
• management de la communication d'entreprise : Univ. d'Aix-Marseille Aix-en-Provence **A**
• management des achats et de la logistique industrielle : Univ. de Haute-Alsace Mulhouse **A**
• management des affaires internationales : Univ. d'Aix-Marseille Aix-en-Provence **A**
• marketing : Univ. d'Aix-Marseille Aix-en-Provence **A**, Univ. de Bourgogne Dijon **A**, Univ. de Bretagne-Sud Vannes, Univ. de Corse P. Paoli Corte **A**
• marketing des services : Univ. de Bretagne occidentale Brest

■ **sciences et techniques des activités physiques et sportives spécialité :**
• développement commercial et territorial du sport et des loisirs : Univ. de Bourgogne Dijon, Univ. de Franche-Comté Besançon
• marketing et gestion du sport : Univ. de Strasbourg Strasbourg

■ **stratégie spécialité :**
• innovation technologique et gestion industrielle : Univ. de Bordeaux Bordeaux

■ **stratégie et marketing spécialité :**
• commerce international : Univ. de Poitiers Poitiers
• intelligence économique et communication stratégique : Univ. de Poitiers Poitiers **A**
• management des projets marketing : Univ. de Poitiers Niort **A**
• management plurimédia et consommation : Univ. de Poitiers Angoulême
• marketing : Univ. de Poitiers Poitiers
• stratégie et management de la communication : Univ. de Poitiers Poitiers

ÉCOLES DE COMMERCE

Pour avoir toutes les informations, lire notre Dossier *Les écoles de commerce* (novembre 2015), ou consulter notre site : www.onisep.fr.

ÉCOLES DE PUBLICITÉ ET DE COMMUNICATION

Sont présentées ici les écoles privées permettant de se préparer aux métiers de la pub et/ou de la communication des entreprises. Pour chacune, le nombre d'années d'études et les différents niveaux d'accès sont précisés.

■ **ECV**
École de communication visuelle
Pr Hc www.ecv.fr
ECV Aquitaine 33300 Bordeaux
05 56 52 90 52/05 57 14 21 10
• Directeur artistique en communication visuelle et multimédia. Durée : 5 ans. Coût total : 41 600 €. Admission 1re année : dossier, épreuve de dessin et de communication graphique, présentation d'un book et entretien pour bac. Admission 2e année : formation supérieure en communication graphique ou animation pour bac + 1.
ECV Atlantique 44000 Nantes
02 40 69 15 13
• Directeur artistique en communication visuelle et multimédia. Durée : 5 ans. Coût total : 41 350 €. Admission 1re année : dossier de travaux personnels et entretien ou concours pour bac correspondant en arts appliqués.

Pr Hc : privé hors contrat
Pr Sc : privé sous contrat
A : statut de l'élève « apprenti »

Écoles de publicité et de communication (suite)

ECV Lille 59000 Lille 03 28 52 84 60
• Directeur artistique en communication visuelle et multimédia. Durée : 5 ans. Coût total : 39 800 €. Admission 1re année : entretien, dossier de travaux personnels et lettre de motivation avec le bac. Admission 2e année : concours avec un bac + 1 du domaine artistique. Admission 3e année : concours avec un bac + 2 en arts graphiques. Admission 4e année : dossier et entretien avec bac + 3 en design.

ECV Paris 75011 Paris 01 55 25 80 10
• Directeur artistique en communication visuelle et multimédia. Durée : 5 ans. Coût total : 44 500 €. Admission 1re année du cycle préparatoire : dossier de travaux personnels, lettre de motivation et entretien avec bac. Admission 2e année : concours pour bac + 1. Admission 3e année : concours pour bac + 2 en arts graphiques. Admission 4e année : dossier pour bac + 3 en design. Admission 5e année : dossier pour bac + 4 en design.

ECV Provence 13100 Aix-en-Provence 04 42 93 41 13
• Directeur artistique en communication visuelle et multimédia. Durée : 5 ans. Coût total : 39 800 €. Admission 1re année : dossier, entretien et présentation d'un dossier de travaux personnels et lettre de motivation avec bac. Admission 2e année : entretien individuel et présentation de travaux personnels à Paris avec bac + 1 à dominante art. Admission 3e année : entretien individuel et présentation de travaux personnels à Paris avec bac + 2 à dominante art.

Efap
École française des attachés de presse et des professionnels de la communication **33074 Bordeaux** 05 56 44 56 22 - **69004 Lyon** 04 78 30 10 01
Pr Hc www.efap.com
• Responsable de communication. Durée : 4 ans. Coût total : 31 400 €. Admission 1re année : dossier, épreuves écrites et entretien de motivation avec bac. Admission 2e année : dossier, épreuves écrites et entretien avec bac + 1. Admission 3e année : dossier, épreuves écrites et entretien avec bac + 2.

59001 Lille 03 20 74 64 90
• Communication des entreprises. Durée : 2 ans. Coût total : 15 300 €. Admission 1re année : dossier et entretien de motivation pour bac + 3 toutes disciplines ou équivalent et bon niveau en français oral et écrit. Admission 2e année : dossier et entretien de motivation pour bac + 4 validé, bac + 3 et 3 ans d'expérience en communication.
• Responsable de communication. Durée : 4 ans. Coût total : 23 400 €. Admissions : lire ci-dessus.

75008 Paris 01 53 76 88 00
• MBA spécialisé en communication et marketing stratégique. Durée : 12 mois. Coût total : 8 500 €. Admission 1re année : dossier et entretien avec bac + 4.
• MBA spécialisé en communication et management évènementiel. Durée : 12 mois. Coût total : 8 500 €. Admission : dossier et entretien avec bac + 4.
• Responsable de communication. Durée : 4 ans. Coût total : 31 280 €. Admissions : lire ci-dessus.

Espub
École supérieure de publicité communication et de marketing 75116 Paris 01 47 27 77 49 **Pr Hc www.espub.org**
• Chef de projet en communication et publicité. Durée : 3 ans. Coût total : 20 740 €. Admission : dossier, épreuves de réflexion, de culture générale et d'anglais et entretien, avec bac.

Efficom
École supérieure en Web, informatique, audiovisuel et design **92120 Montrouge** 01 41 17 12 12 **Pr Hc www.efficom.fr**
• Manager de la communication et de la création artistique. Durée : 2 ans. Coût total : 12 400 €. Admission 1re année : dossier, tests et entretien avec un bac + 3 en communication ou graphisme.
• Manager du marketing et de la communication intégrée. Durée : 2 ans. Coût total : 12 400 €. Admission 1re année : dossier et entretien avec bac + 3.

59000 Lille 03 20 15 16 77
Pr Hc www.efficom-lille.fr
• Manager du marketing et de la communication intégrée. Durée : 2 ans. Coût total : 10 200 €. Admission 1re année : lire ci-dessus.

EMA Vendée
École de management en alternance de Vendée **85600 Montaigu** 02 51 40 80 20
Pr Hc www.emavendee.eu
• Communication d'entreprise. Durée : 2 ans. Coût total : 1 780 €. Admission 1re année : dossier et entretien avec bac + 3. Admission 2e année : dossier et entretien avec bac + 4.
• Management de la communication. Durée : 2 ans. Coût total : 1 620 €. Admission 1re année : dossier et entretien avec bac + 3. Admission 2e année : dossier et entretien avec bac + 4.

EPH
75016 Paris 01 42 61 58 51 **Pr Hc www.leph.fr**
• Management de la communication (Sup 4-5). Durée : 2 ans. Coût total : 6 450 €. Admission : dossier, tests et entretien avec bac + 3.
• Communication digitale. Durée : 2 ans. Coût total : 6 450 €. Admission : dossier, tests, entretien pour bac + 3.
• Community manager. Durée : 2 ans. Coût total : 6 450 €. Admission 1re année : dossier, tests, entretien pour bac + 3.

Esac-Sup
34170 Castelnau-le-Lez 04 67 99 48 10
Pr Hc www.esca-sup.fr
• Chef de projet en communication et publicité. Durée : 3 ans. Coût total : 16 600 €. Admission : concours propre avec bac.
• Responsable de communication. Durée : 2 ans. Coût total : 11 100 €. Admission : concours propre avec bac + 2.

ESGCF
École supérieure de gestion, commerce et finance (groupe ESG) **13090 Aix-en-Provence** 04 42 29 74 72 **Pr Hc www.esgcf.fr**
• Responsable de la communication. Durée : 3 ans. Coût total : 18 450 €. Admission 1re année : concours avec bac. Admission 3e année : concours propre avec bac + 2.

ESGCI
École supérieure de gestion et commerce international - Pôle ESG **75011 Paris** 01 55 25 46 27 **Pr reconnu www.esgci.com**
• Responsable de la communication. Durée : 3 ans. Coût total : 21 050 €. Admission 1re année : dossier, tests et présentation d'un projet mené par l'étudiant avec bac. Admission 2e année : dossier, tests et entretien avec bac + 1. Admission 3e année : dossier, tests et entretien avec bac + 2.

ESLSCA Business School
75007 Paris 01 45 51 32 59 **Pr reconnu www.eslsca.fr**
• Marketing, communication et publicité. Durée : 2 ans. Coût total : 9 900 €. Admission 1re année : concours avec bac + 3. Admission 2e année : concours avec bac + 4.
• Master of Science in Business Communication. Durée : 2 ans. Coût total : 12 000 €. Admission 1re année : concours avec bac + 3. Admission 2e année : concours avec bac + 4.

Esupcom
• École supérieure de communication des entreprises Pr Hc **www.esupcom.com**
13090 Aix-en-Provence 04 42 95 18 65

• Communication digitale. Durée : 2 ans. Coût total : 10 128 €. Admission : concours propre avec bac + 3.

59000 Lille 03 20 40 00 12

• Manager du marketing et de la communication intégrée. Durée : 2 ans. Coût total : 10 686 €. Admission : entretien avec bac + 3.

92120 Montrouge 01 41 17 12 12

• E-communication. Durée : 2 ans. Coût total : 12 400 €. Admission 1re année : dossier, tests et entretien de motivation pour bac + 3.

• Gestionnaire de projets évènementiels. Durée : 2 ans. Coût total : 10 600 €. Admission 1re année : dossier et entretien de motivation avec bac.

• Manager de la communication et de la création artistique. Durée : 2 ans. Coût total : 12 400 €. Admission 1re année : dossier, tests et entretien de motivation pour bac + 3 en graphisme ou en communication.

• Responsable du marketing et de la communication. Durée : 2 ans. Coût total : 12 400 €. Admission 1re année : dossier, tests et entretien de motivation pour bac + 3.

■ Formasup Campus

33300 Bordeaux 05 56 34 01 73 **Pr Hc www.formasup-campus.com**

• Responsable de communication. Durée : 2 ans. Coût total : 10 254 €. Admission 1re année : dossier, concours et entretien de motivation (tous les mercredis à partir de janvier) pour bac + 2.

■ Gobelins - École de l'image

75013 Paris 01 40 79 92 79 **Consulaire www.gobelins.fr**

• Manager en ingénierie de la communication numérique interactive. Durée : 10 mois. Coût total : 9 900 €. Admission 1re année : tests écrits et entretien oral (test d'anglais, test technique sur la connaissance des usages technologies du multimédia et du web...).

■ Groupe Merkure

13096 Aix-en-Provence 04 42 20 62 06 **Pr Hc www.merkure.com**

• Chef de projets en communication. Durée : 3 ans. Coût total : 13 100 €. Admission 1re année : dossier, entretien, tests avec bac. Admission 3e année : dossier, entretien avec bac + 2.

■ ICD

Institut international du commerce et du développement - Groupe IGS **75010 Paris** 01 80 97 66 00 **Pr reconnu www.icd-ecoles.com**

• Bachelor Event Management. Durée : 3 ans. Coût total : 20 700 €. Admission 1re année : dossier, épreuves écrites et entretien avec bac. Admission 2e année : dossier, épreuves écrites et entretien avec bac + 1. Admission 3e année : dossier, épreuves écrites et entretien avec bac + 2.

■ Icoges

Institut de commerce et de gestion **75015 Paris** 01 45 58 17 33/01 55 26 95 70 **Pr Hc www. Icoges.fr**

• Communication spécialité stratégies publicitaires et communication numérique. Durée : 2 ans. Coût total : 10 500 €. Admission : dossier, tests et entretien avec bac + 3.

■ Idelca Business school

34830 Jacou 04 67 59 49 90 **Pr Hc www.idelca.fr**

• Chef (fe) de projets marketing communication. Durée : 2 ans. Coût total : 4 600 €. Admission 1re année : concours pour bac + 2. Admission 2e année : concours pour bac + 3.

■ IICP

Institut international de communication de Paris **75013 Paris** 01 55 28 82 82 **Pr Hc www.iicp.fr**

• Bachelor chargé de communication. Durée : 3 ans. Coût total : 19 700 €. Admission 1re année : dossier, tests et entretien pour bac. Admission 2e année : dossier, tests et entretien pour bac + 1. Admission 3e année : dossier, tests et entretien pour bac + 2.

• Communication. Durée : 5 ans. Coût total : 34 000 €. Admission : dossier, tests et entretien. Admission : dossier, tests et entretien pour bac + 3. Admission : dossier, tests et entretien pour bac + 4. Admission : dossier, tests et entretien pour bac. Admission : dossier, tests et entretien pour bac + 1.

■ IIM

Institut de l'Internet et du multimédia **92916 Courbevoie** 01 41 16 75 11 **Pr Hc www.iim.fr**

• Manager de la communication numérique. Durée : 2 ans. Coût total : 13 000 €. Admission 1re année : dossier, entretien pour bac + 3 dans les domaines de l'Internet et du multimédia. A

■ Inseec

Inseec Business school - Groupe Inseec **33070 Bordeaux** 05 56 00 73 73 - **69001 Lyon** 04 78 29 80 28 - **75010 Paris** 01 42 09 99 17 **Pr reconnu www.inseec.com**

• Master of Science communication et publicité. Durée : 2 ans. Coût total : 16 350 €. Admission 1re année : dossier, tests (culture générale, logique, langues), entretiens avec bac + 3. Admission 2e année : dossier, tests (culture générale, logique, langues), entretiens avec bac + 4.

• Master of Science marketing événementiel et stratégies des relations publiques. Durée : 2 ans. Coût total : 16 350 €. Admission 1re année : dossier, tests (culture générale, logique, langues), entretiens avec bac + 3. Admission 2e année : dossier, tests (culture générale, logique, langues), entretiens avec bac + 4.

• Master of Science marketing, communication et stratégies commerciales. Durée : 2 ans. Coût total : 16 350 €. Admission 2e année : dossier, tests (culture générale, logique, langues), entretiens avec bac + 3. Admission 2e année : dossier, tests (culture générale, logique, langues), entretiens avec bac + 4.

73370 Le Bourget-du-Lac 04 79 25 32 54 **Pr reconnu www.inseec.com**

• Master of Science in Luxury Hospitality and Event Management. Durée : 2 ans. Coût total : 15 450 €. Admission 1re année : dossier et entretien avec bac + 3. Admission 2e année : dossier et entretien avec bac + 4.

• Master of Science marketing, communication et stratégies commerciales. Durée : 2 ans. Coût total : 12 400 €. Admission 1re année : dossier et entretien avec bac + 3. Admission 2e année : dossier et entretien avec bac + 4.

■ Institut supérieur professionnel de Normandie

14000 Caen 02 31 93 09 12 **Pr Hc www.ispn.fr**

• Responsable de communication (Esdac). Durée : 2 ans. Coût total : 9 320 €. Admission : dossier, concours et entretien avec bac + 2.

■ Iris

Institut supérieur de ressources informatiques **75017 Paris** 01 44 01 86 70 **Pr Hc www.ecoleiris.fr**

• E-communication. Durée : 2 ans. Coût total : 11 400 €. Admission : concours propre avec bac + 3.

Pr Hc : privé hors contrat
Pr Sc : privé sous contrat
A : statut de l'élève « apprenti »

Écoles de publicité et de communication (suite)

■ Iscom
Institut supérieur de communication et de publicité **67000 Strasbourg** 03 88 37 59 03 - 69003 Lyon 04 72 91 36 04 - 75009 Paris 01 55 07 07 77 - Montpellier 04 67 10 57 74 - 59000 Lille 03 28 36 16 10 **Pr Hc www.iscom.fr**
• Responsable de communication. Durée: 4 ans. Coût total: 22 000 €. Admission 1re année: dossier, épreuves écrites et entretien avec bac. Admission 3e année: dossier, épreuves écrites et entretien avec bac + 2 ou bac + 3.

■ ISCPA
Institut des médias **69258 Lyon** 04 72 85 71 73 - **Pr Hc www.iscpa-ecoles.com/Etudier-a-l-ISCPA-Lyon.html**
• Responsable projet communication interne et externe. Durée: 3 ans. Coût total: 20 970 €. Admission 1re année: dossier, épreuves écrites et entretien avec bac. Admission 2e année: dossier, épreuves écrites et entretien avec bac + 1. Admission 3e année: dossier, épreuves écrites et entretien, avec bac + 2.

■ ISCPA Paris
75010 Paris 01 80 97 65 80 **Pr Hc www.iscpa-paris.com**
• Communication en stratégie et développement. Durée: 2 ans. Coût total: 15 600 €. Admission 1re année: concours comprenant rédaction, QCM culture générale et anglais, QCM orthographe-grammaire et entretien pour bac + 3. Admission 2e année: concours comprenant rédaction, QCM culture générale et anglais, QCM orthographe-grammaire et entretien pour bac + 4.
• Responsable projet communication interne et externe. Durée: 3 ans. Coût total: 21 000 €. Admissions: lire ci-dessus.

■ ISEE Business school
75011 Paris 01 40 09 60 55 **Pr Hc www.isee.fr**
• Chef(fe) de projets en communication. Durée: 3 ans. Coût total: 21 000 €. Admission 1re année: dossier, test et entretien ou jeu d'entreprise avec bac. Admission 2e année: dossier, tests et entretien avec bac + 1 en commerce ou management. Admission 3e année: dossier, tests et entretien avec bac + 2 en commerce ou management.

■ Isefac Bachelor
Institut supérieur européen de formation par l'action **59000 Lille** 03 20 42 78 50 - **75010 Paris** 01 47 70 85 03 **Pr Hc www.initial-isefac.com**
• Bachelor chargé de communication (Isefac). Durée: 3 ans. Coût total: 15 300 €. Admission 1re année: dossier, concours et entretien avec bac. Admission 3e année: dossier, concours et entretien avec bac + 2.
• Chef de projet événementiel. Durée: 3 ans. Coût total: 15 300 €. Admission 1re année: dossier, concours et entretien avec bac. Admission 3e année: dossier, concours et entretien avec bac + 2.

■ Iseg
Institut supérieur européen de gestion **59800 Lille** 03 20 85 06 96 - **31000 Toulouse** 05 61 62 35 37 - **33000 Bordeaux** 05 57 87 00 28 - **44100 Nantes** 02 40 89 07 52 - **67000 Strasbourg** 03 88 36 02 88 - **69003 Lyon** 04 78 62 37 37- **75003 Paris** 01 44 78 88 88 **Pr Hc www.iseg.fr**
• Programme Iseg Marketing and Communication School. Durée: 5 ans. Coût total: 30 000 €. Admission 1re année: dossier, épreuves écrites et entretien avec bac. Admission 2e année: dossier, épreuves et entretien avec bac + 1. Admission 3e année: dossier, épreuves écrites et entretien avec bac + 2. Admission 4e année: dossier, épreuves et entretien avec bac + 3. Admission 5e année: dossier, épreuves écrites et entretien avec bac + 4.

■ ISG
Institut supérieur de gestion **75116 Paris** 01 56 26 26 26 **Pr reconnu www.isg.fr**
• Master of Science communication événementielle et directe. Durée: 2 ans. Coût total: 16 400 €. Admission 1re année: dossier et entretien avec bac + 3. Admission 2e année: dossier et entretien avec bac + 4.
• Master of Science digital management et web stratégie. Durée: 2 ans. Coût total: 16 400 €. Admission 1re année: dossier et entretien avec bac + 3. Admission 2e année: dossier et entretien avec bac + 4.

■ ISTC
Institut des stratégies et techniques de communication **59000 Lille** 03 20 54 32 32 **Pr reconnu www.istc.fr**
• Diplôme de l'ISTC. Durée: 5 ans. Coût total: 26 612 €. Admission 1re année: dossier et entretien pour bac S, ES, L ou STG. Admission 2e année: dossier et entretien pour bachelier ayant validé une 1re année (60 ECTS). Admission 3e année: épreuves écrites et entretien pour bac + 2. Admission 4e année: épreuves écrites et entretien pour bac + 3. Admission 5e année: dossier et entretien et épreuve d'anglais pour bac + 4.

■ Itic
Institut des techniques informatiques et commerciales **75020 Paris** 01 43 73 20 40 **Pr Hc www.iticparis.com**
• Diplôme européen de communication spécialité stratégies publicitaires et communication numérique. Durée: 2 ans. Coût total: 10 980 €. Admission: dossier et entretien avec bac + 3.

■ SciencesCom
44003 Nantes 02 40 44 90 00 **Pr Sc www.sciencescom.org**
• Diplôme de responsable communication et médias. Durée: 2 ans. Coût total: 15 750 €. Admission 1re année: concours avec bac + 3. Admission 2e année avec bac + 4: concours. **A**

■ Sup de com
École supérieure de communication **80000 Amiens** 03 22 71 71 00 - **34196 Montpellier** 09 80 70 06 52 - **44000 Nantes** 02 72 34 18 12 - **69258 Lyon** 04 72 85 73 57 **Pr reconnu www.ecole-supdecom.fr**
• Responsable de communication (Idrac). Durée: 3 ans. Coût total: 19 060 €. Admission: concours propre avec bac. Admission 3e année: concours propre avec bac + 2.

■ Sup de création
Skema Business school **59777 Lille** 03 20 73 23 29 **Pr Hc www.supdecreation.org**
• Titre de concepteur-rédacteur. Durée: 2 ans. Coût total: 13 285 €. Admission: concours propre, avec bac + 2 ou bac + 3.

■ Sup de pub
Groupe Inseec **75019 Paris** 01 56 07 00 00 **Pr Hc www.supdepub.com**
• Responsable de communication et de publicité. Durée: 4 ans. Coût total: 28 000 €. Admission 1re année: concours avec bac, 4 épreuves écrites, 1 épreuve orale. Admission 3e année: concours avec bac – 2, 4 épreuves écrites, 1 épreuve orale. Admission 4e année: concours avec bac + 3, 4 épreuves écrites, 1 épreuve orale.

Pr Hc: privé hors contrat
Pr Sc: privé sous contrat
A: statut de l'élève « apprenti »

À DÉCOUVRIR !
ONISEP
TOUTE L'INFO SUR LES MÉTIERS ET LES FORMATIONS | N° 63
DOSSIER
Université
Bien choisir sa licence
Les clés pour réussir sa 1re année
45 licences décryptées
REPORTAGE
À la découverte d'un campus
ISBN 978-2-273-01248-5
9 782273 012485
JUILLET 2015 - PRIX FRANCE & DOM-TOM : 9 €
onisep
Liberté • Égalité • Fraternité
RÉPUBLIQUE FRANÇAISE
MINISTÈRE DE L'ÉDUCATION NATIONALE, DE L'ENSEIGNEMENT SUPÉRIEUR ET DE LA RECHERCHE
9€
En vente sur www.onisep.fr/lalibrairie

SITES UTILES

Pour en savoir plus sur les métiers et l'emploi dans les secteurs du marketing, de la publicité et de la vente.

MARKETING

www.adetem.org
Site de l'association nationale du marketing : actualité du secteur, publications, agenda, blog, guide des sources d'information marketing.

www.e-marketing.fr
Site professionnel sur l'e-marketing : dossiers thématiques, glossaire, publications, offres d'emploi, formations, blog.

www.syntec-etudes.com
Site du syndicat représentatif des professionnels des études de marché et d'opinion, Syntec Études : informations sur les métiers et les carrières en marketing, témoignages, ressources pédagogiques.

PUBLICITÉ

www.aacc.fr
Site de l'Association des agences-conseils en communication, syndicat professionnel regroupant près de 200 agences-conseils en publicité, marketing, communication : chiffres clés du marché publicitaire français et statistiques relatives aux médias, fiches métiers, fiches formations, etc.

COMMERCE, VENTE

www.anmv.fr
Site de l'Association nationale des métiers de la vente : réseau social professionnel, fiches métiers, offres d'emploi.

www.cgi-cf.com
Site de la Confédération française du commerce interentreprises (regroupant 56 fédérations) : informations sur les métiers et les formations.

www.distrijob.fr
Le portail de la grande distribution : offres d'emploi (espaces candidats, recruteurs), fiches métiers, analyse et actualité du secteur.

www.fcd.asso.fr
Site de la Fédération des entreprises du commerce et de la distribution (alimentaires ou spécialisées) : chiffres clés, études prospectives sur le secteur, l'emploi et les métiers, etc.

www.fevad.com
Site de la Fédération du e-commerce et de la vente à distance : études et statistiques, emploi et formations, publications, etc.

www.lsa-conso.fr
Site du magazine de la grande distribution *LSA* : actualité du secteur, tendances du marché, nouveaux produits. Rubriques emploi, jeunes diplômés, salaires, mobilité, création d'entreprise, formations, salons, etc.

www.marketvente.fr
Site d'offres d'emploi dédié aux fonctions commerciales et marketing : espace candidats et recruteurs, dossiers thématiques sur le marché de l'emploi, l'insertion des jeunes, fiches métiers, etc.

www.metiersducommerce.fr
Site de promotion des métiers du commerce de proximité réalisé par le ministère en charge de l'Emploi en collaboration avec des partenaires professionnels et institutionnels.

www.mybtob.fr
Site d'emploi pour les professionnels du négoce et commerce de gros : offres d'emploi, informations sur les secteurs d'activité, les métiers et la formation.

http://observatoire.intergros.com
Site de l'organisme paritaire collecteur agréé du commerce de gros et international dont l'observatoire des métiers publie des informations sur l'évolution des métiers, la formation, l'emploi et la prospective.

www.reseau-dcf.fr
Site du réseau des dirigeants commerciaux de France (responsables commerciaux et dirigeants de PME/PMI), à l'origine de l'Observatoire de la fonction commerciale : informations sur les métiers, organisation de concours nationaux, etc.

RESSOURCES ONISEP

Les pistes à explorer, proposées par l'Onisep, pour compléter votre information autour des métiers et des formations du marketing, de la publicité et de la vente.

LES PUBLICATIONS

→ *Les Métiers du Web*, 2015.
Création de sites, fidélisation des internautes, développement d'applications mobiles... le Web est devenu un outil incontournable pour les professionnels du marketing ou du commerce. Un titre de la collection « Parcours » pour ceux qui veulent comprendre les compétences web à mobiliser.

→ *Les Métiers de la gestion, de la comptabilité et des ressources humaines*, 2013.
→ *Les Métiers de la banque, de la finance et de l'assurance*, 2013.
→ *Les Métiers du tourisme*, 2015.
Trois publications de la collection « Parcours » pour en savoir plus sur certains secteurs proches du marketing, de la publicité ou de la vente.

→ *Classes prépa*, 2015.
→ *Écoles de commerce*, 2015.
→ *Les études d'art*, 2016.
Trois publications de la collection « Dossiers » pour approfondir votre information sur les modalités d'accès aux écoles d'art et de commerce, et pour creuser l'offre de ces écoles.

Ces documents peuvent être consultés au CDI des collèges et des lycées ou au CIO (centre d'information et d'orientation). Ils sont également en vente sur **www.onisep.fr/lalibrairie**.

LE SITE

onisep.fr

www.onisep.fr pour aller plus loin sur les filières de formation évoquées dans cette publication, pour découvrir d'autres métiers et pour compléter votre carnet d'adresses des formations.

UN SERVICE

mon orientation en ligne.fr

Vous avez encore des doutes après la lecture de cet ouvrage ? L'Onisep répond personnellement à vos questions. Trois moyens pour nous contacter : par courrier électronique *via* **monorientationenligne.fr** ; par tchat ; par téléphone au 01 77 77 12 25 (appel non surtaxé) ; du lundi au vendredi, de 10 h à 20 h en métropole.

Info@

Rencontrer un conseiller au CIO

Pour réfléchir à votre orientation et recevoir une information personnalisée, n'hésitez pas à prendre rendez-vous avec un conseiller d'orientation-psychologue dans le cadre de la permanence assurée dans les lycées publics ou auprès d'un centre d'information et d'orientation (CIO). Plus de 500 CIO : adresses sur **www.onisep.fr**.

LEXIQUE

Au fil de votre lecture, vous avez peut-être rencontré des termes liés au marketing, à la publicité ou à la vente que vous ne connaissiez pas. Voici quelques définitions.

Achat d'art : achat de droits pour pouvoir utiliser des photos, des musiques dans une publicité.

Annonceur : dans le monde de la communication et des médias, un annonceur est une entreprise qui investit dans une campagne de communication (annonces publicitaires dans la presse, spots télé...).

***Brief* client :** ou *brief* de communication ou *brief* annonceur. Document (et réunion) par lequel l'annonceur transmet à l'agence avec laquelle il souhaite travailler les éléments clés de sa problématique, de ses enjeux et de ses objectifs.

***Brief* créatif :** cahier des charges rédigé par le planneur stratégique et le directeur de création à l'intention des créatifs (le tandem concepteur-rédacteur/directeur artistique). Il se conçoit et s'expose au sein de l'agence à partir du *brief* client, en dehors de la présence de l'annonceur.

Centrale d'achats : structure regroupant les commandes d'un ensemble de distributeurs ou de grossistes, permettant de négocier de meilleures conditions d'achat.

Chiffre d'affaires : (CA) montant total des ventes de produits ou de services d'une entreprise, le plus souvent sur 1 an.

Commerce *B to B (business to business)* : ensemble des relations commerciales entre les entreprises.

Commerce *B to C (business to consumer)* : activité économique à destination du grand public.

Commerce *C to C (consumer to consumer)* : commerce direct de biens ou de services entre deux ou plusieurs consommateurs.

***Concept store* :** magasin proposant un ensemble de produits rassemblés selon une thématique.

***Data* :** ensemble de données clients collectées sur Internet servant à élaborer une stratégie marketing.

Digital : tend à remplacer le mot « numérique » pour désigner le Web, les réseaux sociaux et les applications mobiles.

Directeur de création : en agence de publicité, il est responsable de la stratégie créative de l'agence. Il dirige les tandems directeur artistique/concepteur-rédacteur. Ce poste, à grosses responsabilités, ne se décroche en général pas avant 40 ans.

E-commerce : également appelé commerce électronique ou vente en ligne. Échange de biens ou de services *via* Internet.

E-CRM : gestion de la relation client *(consumer relationship management)* par Internet (e-mails personnalisés, publicité ciblée...).

E-marketing : *voir* marketing digital.

E-réputation : représentation que les internautes se font d'une personne, d'une société ou d'un produit par les informations qu'ils trouvent à son sujet sur Internet.

***Free-lance* :** terme anglais pour « travailleur indépendant ». Statut fréquent dans les métiers du Web. Le professionnel propose ses services pour un projet particulier.

Grande surface alimentaire (GSA) : enseigne de magasin (supérette, supermarché, hypermarché) vendant essentiellement des produits alimentaires.

Grande surface spécialisée (GSS) : enseigne de magasin ne vendant qu'un type de produit (sport, jouet, meubles...).

Info

Les données salaires utilisées dans cette publication proviennent de différentes sources. Elles concernent le plus souvent le salaire des débutants. Selon les cas, les salaires sont exprimés en brut (avant prélèvement des cotisations sociales) ou en net (somme que le salarié touche à la fin du mois). Pour aider au repérage :

- (1 pièce) Salaire équivalent au Smic (salaire minimum) : 1466 € brut mensuels en 2016.
- (2 pièces) Salaire intermédiaire pour le secteur.
- (3 pièces) Parmi les hauts salaires du secteur.

Marketing : (en français mercatique) science qui consiste à concevoir une offre de produits en fonction de l'analyse des attentes des consommateurs, mais aussi en tenant compte des capacités de l'entreprise et de son environnement (concurrentiel, culturel...).

Marketing digital : marketing sur Internet (publicités en ligne, communication sur les réseaux sociaux, utilisation de supports numériques divers...).

***Mood-board* :** type de collage pouvant être composé d'images, de texte et d'objets souvent utilisé par les graphistes pour leur permettre de montrer au début d'un projet la direction qu'ils recherchent.

Panel : échantillon représentatif de population, interrogé dans le cadre d'une étude de marché, d'une enquête d'opinion...

Plan média : document qui regroupe l'ensemble des insertions publicitaires prévues dans les supports et médias choisis pour une campagne publicitaire. Il se présente le plus souvent sous forme d'un calendrier de campagne comprenant les dates ou périodes d'insertion, les supports utilisés et les budgets dépensés par types de supports.

Planneur stratégique : en agence de publicité, il a pour rôle, après avoir pris connaissance du *brief* client, de favoriser la connaissance de la marque (environnement, concurrence...) et de ses produits. Il réalise ensuite un diagnostic pour identifier le plan de communication le plus efficace à mettre en œuvre.

Prospect : client potentiel d'une entreprise.

***Pure player* :** entreprise œuvrant uniquement sur Internet, ne possédant aucun magasin « en dur » par exemple.

Réseaux sociaux : sites internet (Facebook, Twitter, Instagram, Linkedin...) permettant de se constituer un réseau d'amis ou de connaissances professionnelles, et fournissant à leurs membres des outils d'interaction.

RNCP : Répertoire national des certifications professionnelles. Renseigne sur le niveau de qualification atteint à la sortie, niveau qui ne correspond pas forcément au nombre d'années d'études suivies.

***Social media* :** réseaux sociaux.

***Storyboard* :** planche comportant images et descriptions, et déroulé scène par scène d'un film publicitaire.

Taux d'engagement : nombre de personnes qui réagissent aux posts (publications) d'une marque sur les réseaux sociaux, par rapport au nombre de personnes qui « aiment » la page.

Trafic : audience d'une page ou d'un site web. Il s'exprime avec différents indicateurs : nombre de visiteurs, de visites, de pages vues...

Webmarketing : *voir* marketing digital.

LISTE DES SIGLES

APB : pour Admission post-bac, portail d'inscription dans l'enseignement supérieur.

BEL : banque d'épreuves littéraires.

BTS : brevet de technicien supérieur.

CDD : contrat à durée déterminée.

CDI : contrat à durée indéterminée.

CFA : centre de formation d'apprentis.

CPGE : classes préparatoires aux grandes écoles.

Dares : Direction de l'animation de la recherche, des études et des statistiques.

DNSEP : diplôme national supérieur d'expression plastique.

DSAA : diplôme supérieur des arts appliqués.

DUT : diplôme universitaire de technologie.

ECTS : (crédits) *European Credits Transfer System*.

ES : (bac) économique et social.

IUT : institut universitaire de technologie.

L : (bac) littéraire.

LEA : (mention) langues étrangères appliquées.

LLCE : (mention) langues, littératures et civilisations étrangères.

S : (bac) scientifique.

STMG : (bac) sciences et technologies du management et de la gestion.

STS : section de techniciens supérieurs.

INDEX

A

B

C

D-E

I-M

R

T-V

onisep • Office national d'information sur les enseignements et les professions • Ministère de l'Éducation nationale, de l'Enseignement supérieur et de la Recherche • Publication de l'Onisep : © Onisep avril 2016 • **Directeur de la publication :** George Asseraf • **Directrice adjointe de la publication :** Marie-Claude Gusto • **ÉDITIONS Cross-Média > Cheffe de département :** Christiane Arcade-Giraud • Adjointe : Stéphanie Desmond-Simon • Rédaction en chef : Carole Gibrat • Rédaction : Marion Lafond, Mélanie Mangialetto, Agnès Millet • Secrétariat de rédaction : Julien Retaillaud • Correction : Valérie Doineau • Administratrice technique éditoriale : Saliha Hamzic • **RESSOURCES DOCUMENTAIRES > Chef de département :** Gilles Foubert • Documentation : Hélène Ferron • Ingénierie documentaire : Françoise Brouxel • **FABRICATION > Cheffe de service :** Marie-Christine Jugeau • Photogravure : Key Graphic (Paris) • Imprimeur : CORLET imprimeur sur papier certifié PEFC • **STUDIO > Chef de service et direction artistique :** Bruno Delobelle • Maquette et mise en pages : Isabelle Sénéchal • Iconographie : Brigitte Gilles de la Londe • Reportage photo : Grégoire Maisonneuve • Couverture : Cyril Lauret • **DIFFUSION ET COMMERCIALISATION >** Onisep VPC - 12, mail Barthélemy-Thimonnier, CS 10450 Lognes, 77437 Marne-la-Vallée Cedex 2 • Internet : onisep.fr/lalibrairie • Relations clients : service_clients@onisep.fr • Diffusion-distribution Belin : 27301279 • Code de diffusion Onisep : 901279 • ISSN : code collection 1765-9329 • ISBN papier : 978-2-273-01279-9 • ISBN numérique : 978-2-273-01289-8 • **PUBLICITÉ >** Mistral Média - 42, avenue Kléber - 75016 Paris • Tél. : 01 40 02 99 00 • Contacts : Directeur général : Luc Lehéricy (luc.lehericy@mistralmedia.fr) • Directeur commercial : Vivian Favro (vivian.favro@mistralmedia.fr) • Plan de classement Onisep : AGE 51 00 00 • Le kiosque : marketing • Dépôt légal : avril 2016 •

PEFC 10-31-1510